Meiner Mutter Paula Maria gewidmet

„Was wir an Welt besitzen, besitzen wir im Bewusstsein.
Aber das Bewusstsein besitzt keine Dinge, es spiegelt sie."

Max Bense in „ Zerstörung des Durstes durch Wasser"

SAHARA

Tabula rasa. Traumbilder. Filmrisse. Sog aus der Leere. Der freie Fall in die Horizontale: Sahara wird zum fliegenden Teppich, den man unter mir wegzieht.

Später sah ich den Edjileh als Schatten im Horizont. Schräg vor mir schob sich der Berg langsam vor die Sonne. Nach und nach stellte ich fest, dass ich noch atmete.

Die Wüste ist ozeanisch. In ihr fließt Zeit in ihrer eigenen Schwerkraft. Nachts diese kühle, graublaue Dichte und das Gefühl einer gewissen Geborgenheit. Orion, Aldebaran und Plejaden werden zu irreal leuchtenden Inseln, seltsam miteinander verknüpft und doch irgendwie vertraut.

Manchmal werfen die Geister Zeiten und Bilder durcheinander. Die Schatten der Raben werden zu dunklen Wolken, angelockt von den Tänzen der Regenmacher, die das Regentier gefangen haben. Tafassasset strömt wieder über den Ténéré, riesige Krokodile mit grünen, kalten Augen liegen in den dampfenden Senken von Gadoufaoua, Raum und Zeit verwandeln sich gegenseitig.

Später im Sand Krater wie Einschläge kleiner Projektile. Es hat tatsächlich geregnet, vereinzelte große Tropfen, verirrter Phantomregen, Reste aus Träumen der Erde.

Von Völkern, die hier einmal durchzogen, blieben mysteriöse Spuren und Zeichen. Wenn etwa ein Weg schlagartig verschwindet, dann sind dort oft Bilder und Zeichen, die nur Afrikaner verstehen.

Lagunen und Flüsse der frühen Sahara waren Tore zur Unterwelt; wenn sie versanken oder ihren Lauf änderten, konnte man mit ihnen ins Innere der Erde fahren.

Der Niger ist deshalb mehr als ein Fluss, er wird zum Geheimnis; denn in ihm lebt der große Geist des Wassers. Für die Menschen fließt er ans Ende der Welt und kommt von dort wieder zurück. Das macht ihn zum Zauberfluss.

Michel Leiris, Surrealist und Ethnograph, empfand Afrika als schiere Halluzination, weil unser gewohntes Denken hier schnell am Ende ist. Und das ist sicher ein Grund dafür, dass wir den afrikanischen Geist als fremd empfinden; denn diesem gigantischen Zeitdickicht sind wir nicht gewachsen, weil wir zu zaghaft sind, um auf vielen Ozeanen gleichzeitig zu segeln.

Als Weißer spürt man das, wenn man etwa eine Kneipe betritt, um schnell mal ein Bier zu trinken, und - wie Mungo Park - sogleich unrettbar ins Innere Afrikas gerät. Die Zeit schwebt im Raum, schaut mich an und wird dann wirklich zum Wesen. Die Mama hinter den Bierkisten kennt mich irgendwie seit langem, ein *déjà-vu* jagt das andere und schließlich sehe ich mich schon als sichere Beute der Geister; ich bin gleichzeitig hier und woanders, gleichzeitig ich selbst und ein ganz anderer und erlebe meinen sehr persönlichen *blackout* bei vollem Bewusstsein; und jeder sieht das und lacht.

Afrikaner leben in einer Welt, in der sich alles immer und überall in Bilder, Zeichen, Musik und Tänze verwandelt. Dadurch wird das Unsichtbare spürbar. Und das irritiert uns, weil wir es nicht gewohnt sind, immer zuerst den Geist in den Dingen zu sehen. So empfinden wir afrikanische Wirklichkeit als eine chaotische Mischung aus Träumen und Metamorphosen. Was Wirklichkeit ja eigentlich ist. Doch in Afrika fliegen zusätzlich noch die Geister vergangener und kommender Zeiten darin herum und locken uns in das Geheimnis ihrer wild wuchernden Gegenwart.

Dabei wird schließlich der Hintergrund der Zeit zur eigentlichen Wirklichkeit, was unsere Verwirrung noch steigert: Das offen Sichtbare wird, je länger wir hinsehen, vage, zerfließt oder zeigt sich in durchscheinend gespiegelten Bildern, und diese spiegeln gespiegelte Bilder, die irgendwann im Horizont unserer Wahrnehmung mit dem Geräusch kreisender Schwirrhölzer in sich zusammenstürzen.

Leben in Afrika ist für Europäer, die das nicht irgendwann einmal selbst erfahren haben, realistisch kaum vorstellbar.

Einen ersten authentischen Eindruck von Afrika bekommt man bei der Benutzung öffentlicher Verkehrsmittel. Zum Beispiel, wenn der Bus mitten in der Nacht irgendwo unwiderruflich liegen geblieben ist, alle Insassen nach und nach verschwunden sind und man herumsteht und von der Partnerin gefragt wird, wo denn hier eine Toilette sei. Oder wenn man im eigenen Land-Rover unterwegs ist und seit drei Tagen in einer tiefsandigen Fahrspur festhängt, auf der die nächsten Tage oder Wochen ganz sicher kein anderes Fahrzeug vorbeikommen wird, und es einem schließlich doch noch gelingt - mit allerletzter Kraft der Verzweiflung - das abgerissene Stück Steckachse aus dem Differential herauszuzerren und die neue, die hoffentlich dabei ist, zu montieren. Danach, umschwirrt von kleinster Tierwelt, die Malaria, Schlafkrankheit, Onchozerkose oder das alles auf einmal bringen könnte, sieht man sich zwar als Sieger über Chaos und Schicksal, aber man fragt sich manchmal, ob diese Mischung aus Traum und Tatsachen nicht doch ein Abenteuer sei, auf das man hätte verzichten können. Man muss Afrika ohne jede Einschränkung gewachsen sein, sollte es jedoch auch etwas lieben.

Afrikas Räume und Zeiten dominieren in einer Art und Weise, die unsere ganze Einstellung zu Welt und Wirklichkeit verändern kann.

Wenn der Flieger gelegentlich auf einer Art Fußballfeld immerhin gut gelandet und drei Meter vor einem riesigen Baobab stehen geblieben ist und die Passagiere nun gemeinsam auf Zeichen und Wunder warten, nötigt jeder dem anderen ganz selbstverständlich die mitgebrachte Verpflegung auf, man kocht zusammen Tee, hockt zusammen auf einer Matte, isst zusammen aus einer Schüssel und erklärt sich gegenseitig, dass der Lauf der Welt eben unvorhersehbar sei und es allein auf *la chance* ankomme. Der anwesende Weiße stellt pragmatisch fest, dass die etwas verloren herumstehenden Tische und Stühle kaum benutzt werden. Alle sitzen auf der Erde, denn Afrikaner leben fest und sicher auf der Erde und bilden dabei schiere Knäuel aus Menschen aller Generationen.

Was sich der unkundige Europäer jedoch absolut nicht vorstellen kann, ist das Klima. Oft ist die Hitze so unerträglich, dass alle, die wir hier im Hangar nach unplanmäßiger Zwischenlandung herumdösen, ab einem gewissen Zeitpunkt eher auf irgendein Ende warten als auf einen Flieger, auf welchen auch immer.

In derartigen fast schon schicksalhaften Zwangspausen erzählte ich den Afrikanern gelegentlich Geschichten aus der Wüste, wo es noch viel heißer wäre und wo es vor allem Zufälle gäbe, die sich bis heute kein Mensch hätte erklären können. Nun haben alle Afrikaner großen Respekt vor der Wüste, aber noch mehr vor seltsamen Zufällen. Mir fiel Erzählen in Französisch nicht immer ganz leicht, doch irgendwann hatte ich dabei einen gewissen eigenen Stil entwickelt, bei dem ich das afrikanische Französisch zusätzlich noch etwas betont afrikanisch aussprach. Das empfanden alle als amüsant, weil da ein Weißer noch schlimmer Französisch sprach, als ein Afrikaner das je fertigbringen würde. Aber niemand wurde ungeduldig, wenn sich die Geschichte zu kryptisch entwickelte, irgendwann kamen ja wieder verständliche Stellen, und das erkannte ich dann an den entsetzten Blicken, die mir zeigten, dass ich die guten Leute mit meinen Worten bereits tief in die trostlose Öde der Wüste gelockt hatte.

Wichtig bei allen diesen Geschichten waren immer die Themen Glück und Geld. In Agadez, wo einmal der Flieger seit zwei Tagen gleich kommen sollte, erzählte ich die Geschichte, wie ich ein fabrikneues Reserverad für meinen Land-Rover mitten in der Wüste fand. Das war ein Wunder, ein *miracle*. Und deshalb hochinteressant! Denn ein Wunder ist Voraussetzung für alle Magie und Beweis für die Existenz übernatürlicher Mächte.

Die Geschichte spielte in Algerien zwischen Tam und In Salah in den Achtzigern. Ich hatte wenige Stunden zuvor einen Reifen total zerfetzt und das war allein schon deshalb eine Katastrophe, weil es seinerzeit in Algerien absolut keine Reifen gab, auch nicht gegen Devisen. Der Fund war vor allem dadurch mysteriös, weil der neue Reifen - auf passender Felge! - keine dreißig Meter von der Stelle entfernt lag, wo ich die Panne hatte. Da die Geschichte, so unwahrscheinlich sie auch war, den Tatsachen entsprach, musste ich beim Erzählen weder übertreiben noch irgendwelche Erklärungen einflechten. Ich berichtete einfach so, wie es war. Danach herrschte tiefes Schweigen. Meine Zuhörer starrten mich fassungslos an. Einige gaben wir schweigend die Hand. Ich hatte offensichtlich großes Glück gehabt, *baraka*, und das ist in Afrika ein Geschenk der Geister. Allerdings selten. Es wird nicht jedem zuteil.

RN 1 Algier-Tamanrasset kurz hinter In Salah. 1996.

An der alten Hoggar-Piste zwischen In Salah und Arrak - das ist eine Gegend, die nur aus kambro-ordovizischen Schluchten, schwarzen Steinen und Hitze besteht - gibt es ein Wasserloch, das heißt Tadjemout.

Es war im August 1979, die Temperatur um 47 Grad. Tadjemout liegt etwa fünfzig Kilometer vor Arrak, wo um 1910 etwas mehr als eine gute Handvoll Tuareg ein französisches Corps unter dem unglückseligen Colonel Flatters in Hinterhalte gelockt und mit Messern und Schwertern regelrecht abgeschlachtet hatte. Ziemlich genau an dieser Stelle war ein mit Dosenmilch für Tamanrasset total überladener Sattelzug der algerischen Transportgesellschaft SNTR mit Achsschaden zusammengebrochen.

Die Stelle war nicht unbewohnt. Denn hier hatte ein Targi aus Lehm und sonstigem Material ein Café errichtet und eine Grube ausgehoben, in der er Wasser aus einer nahe gelegenen Quelle auffing. In der improvisierten Küche wirtschaftete seine Tochter, eine junge Frau im heiratsfähigen Alter. Der Fahrer des havarierten LKWs wartete nun geduldig einige Wochen auf Hilfe aus Algier. Schließlich machte er aus dem Unfall das Beste und richtete sich ein, indem er einfach dablieb. Als wir vorbeikamen, hatte er als möglicher Schwiegersohn des Targi bereits leidlich aufgeräumt, die Räume innen mit Ölfarbe hellblau angestrichen und eine Art Espressomaschine gebastelt, die beeindruckend dampfte. Am Wasserloch war ein Kistendeckel in die Erde gerammt, da stand „Pool" drauf und – unübersehbar - „Entrée DA 10", damals 2 $.

An der Straße von Hassi Messaoud nach Hassi Bel Guebbour, durch das Gassi Touil des Großen Östlichen Ergs, der einzigen Verbindung zwischen den beiden großen Erdölzentren Algeriens, liegt nach etwa 200 Kilometern, lange von weitem sichtbar, so etwas wie ein Hügel aus Abfallholz, bestehend aus Brettern von Überseekisten, Fragmenten von LKW-Aufbauten, Euro-Paletten und diesem und jenem. Kommt man näher, erkennt man ein surreal anmutendes Gebilde, aus dem dann schließlich ein *café-routier* wird. Weit und breit gibt es hier jedoch keinen einen einzigen Tropfen Wasser; nur Wind, Sand und Sterne. Bis zum Horizont schwingen die Dünen des Großen Ergs - schön und schweigend.

In diesem algerischen „Schwitters'schen Merzbau" lebt ein freundlicher älterer Eremit und Wirt. Versorgt wird er von Truckern, die ihm das Notwendigste mitbringen. An dieser Unterkunft steht gut sichtbar ein Schild: *„Café du Triangle dée Bèrmud".* Damit kennen wir jetzt auch den anderen Namen für Afrika.

Café-routier. Merzbau algérien.

Improvisieren und Basteln haben als Prinzip in Afrika kein negatives Image, denn deren Gegenteil, das Konstruktive, schränkt ja nicht nur häufig die überlebensnotwendige Phantasie ein, sondern ist fast immer auch zu teuer. Deshalb würde niemand in Afrika das, was wir etwas abfällig Kompromisse nennen, als minderwertig ansehen, vorausgesetzt, es erfüllt den gewünschten Zweck. Wenn zum Beispiel bei einem Bett ein Bein abbricht und das irgendwann durch einen soliden Feldstein ersetzt wird, dann ist es allein wichtig, dass das Bett stehen bleibt, vielleicht sogar noch sicherer als vorher.

Hinzu kommt, dass der Zufall als eine Entscheidung der Geister angesehen wird. Mehr noch, die Gunst des glücklichen Zufalls wird bei manchen Projekten bereits vorab berücksichtigt. Und so wird alles, was sich auf diese Art und Weise ergibt, nicht mehr verändert oder verbessert, denn damit könnte man die Geister verärgern.

Einen Mangel zu überbrücken, etwa durch Zweckentfremden von Werkzeugen, ist uns sicher bekannt. Weniger bekannt ist uns, dass Afrikaner praktisch alles immer und überall zweckentfremden, um es ihrem immer noch sehr lebendigen steinzeitlichen Geist einzuordnen.

In der Praxis kann man zwar davon ausgehen, dass Afrikaner Werkzeuge auch gelegentlich dafür benutzen, wofür sie ursprünglich gedacht waren; aber dem Europäer, vor allem, wenn er neu in Afrika ist, drängt sich der Eindruck auf, dass jedes Werkzeug grundsätzlich als *multi-purpose* eingesetzt wird.

Dabei wird schon mal eine Hochzeitsgesellschaft im Dreiseitenkipper durchs Dorf gefahren oder mit einem ganz normalen PKW ein Kamel transportiert. Elektro- oder Telefonkabel werden oft derartig komplex verlegt, dass man den Eindruck gewinnen könnte, ganz Agadez zum Beispiel wird nur noch durch derartige Kabelgewirre zusammengehalten.

Afrikaner haben zu unserem Denken und Handeln deshalb auch ein eher lockeres oder staunendes Verhältnis, ähnlich wie es Künstler, Zauberer, Hexen und andere Leute aus ursprünglich paläolithischen Berufen haben. Denn Kunst und Magie müssen ständig Koalitionen mit dem Chaos eingehen, um dieses gewisse in sich schwankende Gleichgewicht im Ungleichgewicht, dieses Pendeln zwischen Sein und Nichtsein, ohne dabei abzustürzen, zu halten, um dabei das an sich Unverknüpfbare doch noch zu verbinden. Denn damit schaffen sie sich eine eigene souveräne Welt der offenen Räume gegen die Unbedingtheit und Verschlossenheit der Welt der Messenden und Vermessenden. Und das ist wesentlich Zauberei.

Bei näherem Hinsehen ist das alles durchaus ernsthaft. Denn beim Improvisieren und Basteln, so Michel Serres, wird eine bestimmte Sache durch eine universale ersetzt. Und dieser einfach klingende Satz hat es insofern in sich, weil darin das schlichte Basteln nicht lediglich zum Notbehelf innerhalb eines orthodoxen Systems wird, sondern als Beginn einer Metamorphose der Dinge, bei der die Dinge sich über den universalen Geist austauschen und sich gegenseitig verwandeln. Und auch das ist wesentlich Zauberei. Dadurch bleibt alles im Fluss und der mehr oder weniger beharrlich angestrebte Zweck wird wieder zu dem, was er eigentlich immer war: banal und im Großem nicht wichtig.

Basteln ist wie ein Spiel mit Jokern, die jede Karte an jeder Stelle sein können. Sie verknüpfen fragmentarische und flüchtige Bilder zu einem Ganzen. Und spätestens hier spürt man den alten Zauber; denn der so entstehende Raum „liegt unterhalb jeder auferlegten Metrik" (Michel Serres). So wird das schlichte Basteln nicht nur zum mehr oder weniger naiven Widerstand gegen die cartesische Herrschaft von Metrik und Konstruktivem, in der alles einen Platz zugewiesen bekommt; es verhindert bereits dadurch Katastrophen, indem es die Hybris, die jedem Streben nach Perfektion innewohnt, relativiert und Toleranzen schafft.

Orientierungshilfe in Libyen.

Domestizierten Europäern bietet die Wüste zu günstigen Konditionen Möglichkeiten zur Selbstauswilderung. Denn was uns fehlt, wenn wir irgendwann zu viele Absicherungen gegen die Unbilden des Lebens errichtet haben, ist die archaische Herausforderung, nach der der paläolithische Geist in uns verlangt. Wir Zivilisierte wollen jetzt eigentlich nur das, was die Wilden können, auch können: im archaischen Wagnis leben. Dazu gehört selbstverständlich die Fähigkeit, in der Wildnis klarzukommen. Und Wildnis ist immer *tabula rasa.* Dort herrscht der Geist der Leere, des Chaos' oder der Geist der Tiere. Da herrschen Stimmen über die Sprache. Das ist Wildnis, die wir erobern wollen, deren Geister wir erobern wollen. Unsere Autospuren im jungfräulichen Sand des Ténéré werden zu Zeichen, mit denen wir uns das herrenlose Land aneignen. Und das sind auch Hintergründe für jede Kolonisierung und für diese seltsamen privaten Expeditionen. Dass wir im Großen dabei Bodenschätze plündern und im Kleinen nur Benzin tanken, ist eher sekundär. Wir wollen Entdecker sein! Also Eroberer!

In der offenen Sahara gibt es Trassen, die verwehen niemals, andere verlieren sich nach wenigen Stunden. Das sind die Spuren der Menschen, die vor mir den Geist der Leere, „Atlantis" oder was auch immer gesucht haben. Das hat seinen Reiz! Vielleicht findet man noch eine Flaschenpost oder ein Wrackteil mit letzten Worten oder „Grüße an meine Witwe". Als Zivilisationsmensch erfährt man dabei einerseits die Relativität von Weg und Ziel, denn beide sind – wenn man nicht mehr weiß, wo man ist und wie man hier wieder herauskommt - nur noch dort, wo man sich gerade befindet. Andererseits gibt es kein Leben, ohne das Leben zu wagen. Deswegen wird Zeit nur im Wagnis erfahrbar. Weg und Ausweg können in der Wildnis schnell verschwinden und dann gewinnt die Magie der Unendlichkeit. Man kreist um die eigenen Spuren oder sieht sich wie auf einem anderen Planeten. Die eigene Zeit wird relativ: extrem dicht oder leer.

Das kann allerdings zu einem subtilen Empfinden führen, indem man sich etwa als der erste Mensch auf dieser Erde sieht, auf einer Erde, die nun vor mir daliegt in einer Unberührtheit, die, obwohl drohend fremd, gar nicht mehr so feindlich ist. Bin ich ihr gewachsen, kann ich auf ihren Zauber eingehen. Bin ich es nicht, wird es schwierig. Das kann sich – sofern ich allein bin und technisch nicht allzu sehr abgesichert – bis zur Ekstase steigern. Ich könnte anhalten und versuchen diesen Augenblick zu dehnen, den Geist, der mich gepackt hat, einzufangen, denn „alle Lust will Ewigkeit"; doch vor den Geistern der Leere kann ich nur fliehen oder das Spiel wiederholen. Das mag der Grund dafür sein, dass alle, die einmal in der Wüste waren, ihr verfallen sind.

Afrika hatte seinen Rhythmus, doch dann fielen die Weißen erdrutschartig darüber her. Im Handgepäck des Glaubens kamen die Christen obendrein noch mit dem cartesischen Nachbrenner der Rationalität, dem genauen Gegenteil des afrikanischen Geistes, dem der abstrakte Zweifel völlig unbekannt war und wo Diesseits wie Jenseits, zusammen mit den Ahnen, sicher auf der Erde blieben.

Denken und Handeln der abendländischen Weißen sind indessen in der Praxis nicht immer überzeugend, denn die sorgfältig arrangierten Einzelheiten stimmen zwar gelegentlich, doch das Ergebnis erfüllt selten weder die Vorstellungen noch nachhaltig Sinn und Zweck. Afrikanisches Denken dagegen bezieht die gesamte Wahrnehmung ein und kann sich über Widersprüche – an denen cartesisches Denken schnell scheitert – locker hinwegsetzen. Es lässt damit auch Verknüpfungen von Gegensätzen zu. Seine paläolithische Navigation, die Intuition, wird von Erfahrung gelenkt und in Traditionen gesammelt. Dieses Denken ist nicht ideologisch ausgerichtet, allerdings auch nicht unbedingt fortschrittlich. In seiner spirituellen Anlage wiederholt es die Gegenwart, wogegen westliches Denken die Gegenwart annulliert, kaum dass sie eingetreten ist.

Während unsere Identität auf zwei Beinen steht, nämlich auf Christentum und Technik, also auf transzendenter Spiritualität, mit der wir den Sinn erreichen, und rationalem Denken, das den Zweck anstrebt, haben Muslime aus authentisch eigener Kultur nur den muslimischen Glauben, der sich vom Prinzip her mit dem Christentum vertragen sollte.

Die ursprünglichen, animistischen Religionen Afrikas dagegen werden von Christen wie Muslimen heidnische genannt und sind damit für beide keine akzeptierbaren Religionen. Sie können deshalb von beiden vereinnahmt, also missioniert und die Ressourcen ihrer Länder ausgebeutet werden. Da die moderne Technik als Folge von Aufklärung, Rationalität und Mathematik ebenfalls nicht Teil einer authentisch afrikanischen Kultur ist, haben Afrikaner letztlich keine eigene, außerhalb ihrer Welt anerkannte Identität und folglich weder etwas zu sagen noch zu bestellen.

Für Muslime, die Erben einer Kultur sind, die einmal die gesamte Welt um das Mittelmeer herum beherrschte und eine wesentliche Grundlage für die Entwicklung des Abendlandes war, ist ihre Religion ein für uns unvorstellbar wichtiger Faktor zur Bewahrung der gemeinsamen Identität, die im Koran und der Gebetshaltung festgelegt ist. Orientierung im Geist und auf der Erde findet immer nach Mekka statt, das damit zu Alpha und Omega wird. Die Gebete Richtung Mekka erneuern für die Muslime mehrmals täglich den Zusammenhalt.

Wir Abendländer identifizieren uns indessen nicht mehr über Religion, wir haben Alternativen, die zwar relativ und eigentlich nur Anhäufungen von Voraussetzungen sind, doch wir haben sie. Aber welche Alternativen hätten Afrikaner? Die Seele? Sicher! Animismus bedeutet: In der Natur ist alles beseelt. Seelen, die in der Natur und deshalb auch im Menschen sind, können Menschen und Dinge zeitweise verlassen und ein eigenes Leben führen und so auch Schicksal spielen. Das wären dann die Geister. In seriösen Publikationen des Westens wird Seele häufig nur in Anführungsstrichen geschrieben; für Gott findet man diese Schreibweise jedoch nie und nimmer, obwohl bis heute weder Gott bewiesen noch die Seele je widerlegt wurde. Gott, als das gedachte Absolute, ist demnach das größte Symbol transzendeter Religionen, die spirituelle Perfektion, und schließt alles ein, auch die Seele. Deshalb braucht man sie nicht als etwas Eigenständiges.

Der Denker Descartes verlangte rigoros, dass aus Sicherheitsgründen gegen jede mögliche Unordnung innerhalb der denkenden Ratio dem Leib die Seele auszusperren sei. Damit bekam die Seele in etwa den Status des Blinddarms und wurde damit als ein spiritueller Atavismus praktisch disqualifiziert.

Dazu sagte der afrikanische Dichter Soyinka 1979: „Stellen wir uns einmal vor, unser etwas einfältiger afrikanischer Bruder säße in seinem Dorf und plötzlich stünde Descartes mit Tropenhelm auf dem Kopf leibhaftig vor ihm, drauf und dran, den Dschungel der prälogischen afrikanischen Mentalität zu durchdringen. Dieses cartesische Phantom nähere sich nun der *tabula rasa* unseres schwarzen Bruders mit seinem berühmten Ausspruch: „Ich denke, also bin ich." Und jener, wäre er Anhänger der Nègritude, würde dem entgegnen: „Ich fühle, also bin ich." Doch das würde er wahrscheinlich nicht sagen, sondern unserem weißen Mann logischerweise erklären: „Du denkst, also bist du ein Denker. Du bist eine weiße Kreatur mit Tropenhelm auf dem Kopf und im afrikanischen Dschungel, der seine Probleme damit hat, an seine eigene Existenz zu glauben!""

Unterschiede zwischen afrikanischen und westlichen Weltbildern bestehen darin, wie man unter anderem die Zeit sieht. Die exakte Naturwissenschaft, begründet von Isaac Newton, sieht Zeit als einen Punkt in Bewegung, dessen Fortschreiten als objektiv angenommen wird. Ein Punkt in Bewegung ergibt, nach Wassili Kandinsky, eine Linie. Diese Linie wird mit einer Skala versehen, an der man den Verlauf der Zeit als fortschreitenden Prozess nachvollziehen kann. Auf dieser Skala abgelaufene Zeit nennt man Vergangenheit, das ist nicht mehr verwertbare Zeit. Was zählt, sind Gegenwart und die vorweggenommene Gegenwart, die Zukunft, die, obwohl noch nicht da, hohe Wertschätzung genießt, weil man mit ihr rechnen kann; man kann sie verwerten, bevor man sie hat. Die gesamte westliche Welt lebt nach diesem Modell. Danach ist selbst die Unendlichkeit in Zukunft denkbar, obwohl nicht vorstellbar. In Afrika wird jedoch niemand etwas denken, das nicht vorstellbar wäre; denn afrikanisches Denken beruht auf Imagination, auf Vorstellungen, auf inneren Bildern.

Es ist folglich nachvollziehbar, dass deutsche Ingenieure häufig dem Nervenzusammenbruch nahe sind, wenn sie versuchen, mit europäischen Methoden in Afrika Baustellen zu leiten. Doch zurück zum Mysterium der Mysterien, der Zeit.

Im Gegensatz zum linearen Modell von Zeit im Sinne Newtons sah Henri Bergson Zeit räumlich, als einen unaufhaltsam fließenden Wechsel. Er sah Zeit als ein subjektiv erlebtes Geschehen, in dem sich alles gegen- und wechselseitig bedingt. (Da klingt der Flügelschlag des Schmetterlings an, der irgendwann einen Wirbelsturm auslösen könnte.) Zeit ist als eigenständiges Phänomen jedoch weder für moderne Physiker noch für Primitive letztlich sinnlich erfahrbar noch - isoliert von Prozessen - anschaulich denkbar. Will man Zeit wahrnehmen, muss man anschaulich denken. Am deutlichsten nimmt man Zeit wahr, wenn man Wasserfälle, Sturmfluten, Vulkanausbrüche oder Einschläge von Bomben oder Raketen anschaut oder erlebt, wie man alt wird. Wir erkennen Zeit folglich vornehmlich in Bedrohungen unserer Existenz, wenn sich die große Zeit, die kosmische und exemplarische, unserer kleinen Zeit, der relativen, nähert. Die Primitiven beobachten die kosmische Zeit am Verlauf der Mondphasen. Projiziert man diese Erfahrung nun über Symbole in die eigene Imagination, dann spielen sich die Zyklen von Leben und Tod und der Gang des Mondes beide in einem Raum ab, in dem jedoch kein Ziel angezeigt ist. Dieser Raum ist eine Art „offenes System", das ein andauernder Prozess ist. Deshalb ist das Weltbild der Primitiven, darin sich Welt und Zeit immer und überall verwirklichen, zwar anschaulich, setzt jedoch kein Ziel und ist deshalb auch nicht transzendent.

Für uns, die wir transzendent ausgerichtet sind, indem wir zu einem einzigen gedachten Gott streben, als dem Ziel der Ziele, zum anderen die Perfektion anstreben, das *perpetuum mobile* zum Beispiel oder das ewige Leben, verwirklicht sich Zeit linear, auf ein Ziel gerichtet - und das liegt in der Unendlichkeit!?

In Afrika dagegen treffen wir auf ein Bild der Zeit, das mehr der Bergson'schen Vorstellung entspricht. Dabei wird nicht ein absolutes Ziel angestrebt, Gott oder die Perfektion oder das ewige Leben jenseits von Erde und Welt. Hier geht es um das Verhältnis zu Dingen und Menschen, vor allem um Zusammenhänge. Daraus ergibt sich das Leben als ein wildes Gestrüpp, das mehr einem Urwald als einer Plantage entspricht. Vor solchen Hintergründen spielt die um sich selbst kreisende Uhrzeit in Afrika auch nicht die Rolle wie bei uns. Zeit wird sinnlich-rhythmisch erfahren. Afrikaner feiern deshalb keine runden Geburtstage wie wir und fliegen nicht mit Erreichen der Altersgrenze aus Amt und Würden. Ein Mann ist so lange ein Mann, wie er zeugungsfähig ist, danach ist er ein Weiser.

Allerdings birgt unser rationales Denken neben der Gefahr, sich selbst als das Maß aller Dinge ständig überzubewerten, auch verführerische Möglichkeiten. Mit dem linearen Begriff von Zeit ist der Mensch in der Lage, natürliche Grenzen zu überschreiten, selbst die Unendlichkeit, das Absolute schlechthin, als Begriff zu denken. Übertragen auf den religiösen Bereich entspricht die astrophysikalische Unendlichkeit der Ewigkeit. Da jedoch selbst die Ewigkeit irgendwie denkbar sein muss, weil sie ein Begriff ist, benötigt Unendlichkeit ebenso wie Ewigkeit einen Ort. Für die Physik ist dieser Ort ein zeitlicher, der Beginn eines absoluten Geschehens, der Urknall. Transzendente Religionen nennen diesen Ort, den Ursprung der Zeit, von dem alles ausgeht und wieder zurückfließt, Gott. Da rationale Denker vorwiegend männlich sind, ist Gott ein männlicher Gott, ein Vater.

Grob betrachtet steht also die zweidimensionale, rational übersichtliche Skala Newtons gegen den mehrdimensionalen, rational unübersichtlichen Raum Bergsons. Doch beim rein akademischen Aspekt bleibt es leider nicht. Das alles hat praktische Folgen, denn so, wie man Zeit sieht, erlebt man sein Leben und richtet sein Handeln aus. Da steht der vermessene Acker des Bauern gegen die offene Landschaft des Hirten, die Stadt gegen das Zelt, Sesshaftigkeit gegen Nomadismus, Transzendenz gegen Immanenz, Materialismus gegen Spiritualität, das Dickicht des Urwalds gegen offene Steppen und Wüsten. Es könnte sicher ein Nebeneinander der unterschiedlichen Weltbilder geben, doch unsere westliche Kultur ist wenig geneigt, Unordnung anzuerkennen. Deshalb räumen wir auf und versuchen den Prozess der Veränderung, das Leben, in seine Bestandteile zu zerlegen. Das entspricht mehr oder weniger einer Operation, bei der wir alles erst einmal trennen, um es dann wieder zusammenzusetzen, mit dem Ziel, die Welt zu ordnen. Denn so, wie sich die Welt ursprünglich darstellt, ist sie für unser Denken bestenfalls Rohmaterial, Wildnis. Das ist – wie bei allen Bestrebungen zur Perfektion – eine unendliche Geschichte, denn unbewusst geht der Mensch davon aus, dass sein Streben nach Perfektion zum Sinn führt. Was ein Irrtum ist, denn Sinn ist ein spiritueller Wert und kann nicht über Machen erreicht werden. So gerät der westliche Mensch schnell in schizoide Situationen, die ihn immer unglücklicher machen, weil sie ihn ständig von etwas trennen, anstatt ihn mit etwas zu verbinden. Denn um die Perfektion zu erreichen, muss distanziert und analysiert werden. Es entsteht dabei eine Unmenge an Abfall und Müll und mit jedem Schritt, der nicht zur Perfektion führt, eine quälende Unzufriedenheit.

Hugo Ball sagte einmal: „Man soll eine Möwe, die in der Sonne sitzt und sich die Schwingen putzt, auf sich beruhen lassen und nicht „also" zu ihr sagen."

Das Problem ist seit langem bekannt. Es ist sicher, dass wir vor einem letzten Unbegreiflichen (Kant), einem Unfassbaren (Jaspers) stehen und immer stehen werden. Sich diesem Mysterium durch Denken zu nähern, es in Begriffe zu zerlegen oder als Primitiver naiv davor zu staunen und Zeichen in Steine zu ritzen, sind die Extreme, zwischen denen es sicher noch Wege geben sollte. Deleuze und Guatarri und andere philosophische Chaosforscher deuten solche an.

Es begann damit, dass die steinzeitlichen Metaphysiker den Geist der Zeit in Form von Symbolen - wie zum Beispiel in liegenden Achten, Spiralen und zyklisch gegliederten Kreisen - zeichneten und ihn im Stier- und Mondkult ritualisierten. Diese Symbole fingen in sich an, endeten in sich, um aus sich selbst heraus wieder zu beginnen. Ich fand sie in beeindruckender Deutlichkeit auf der Steinplatte von Tin-Terhert in der algerischen Sahara (Abb. Seite 130). Das war ein Anfang, eine der ersten bewussten und gleichzeitig intuitiven Reaktionen des Menschen auf das Wunder der Welt.

Der Sinn und die Sprachen. Die Sprachen Afrikas sind in sich geschlossene Inseln, zu denen wir Europäer kaum einen Zugang haben. Kein normaler Reisender beherrscht eine afrikanische Sprache so, dass Afrikaner ihn als einen der ihren akzeptieren würden. Mit einer dort gängigen europäischen Sprache wie Französisch oder Englisch kommt man sicher leidlich gut durch, doch das ist auch alles. Afrikaner fahren in den europäischen Sprachen gewissermaßen per Anhalter; denn Sprache ist mehr als nur Information, sie ist ein Geistwesen und das ist besonders in Afrika sehr eigen.

Und so sind die Geister Afrikas auch in den ehemaligen Kolonialsprachen nicht untätig. Das Englische in Nigeria ist zu einer autonomen Sprache mutiert, die in Ken Saro Wiwas „Soza Boy", einem erschütternden Roman über Kindersoldaten in Afrika, nicht nur einen weltweit beachteten literarischen Ausdruck gefunden hat, sondern darüber hinaus zur Metapher für den Geist Afrikas nach der Kolonisierung wurde. Die Sprache in „Soza Boy" zeigt das Vermengen gegensätzlicher Identitäten - im Gegensatz zum Verknüpfen. Dabei entstehen völlig neue Geister, die nicht unbedingt nur böse sind, aber sich häufig nicht mehr beherrschen lassen.

Nach Giambattista Vico macht Sprache den Menschen zum Menschen. „Der Ursprungsmythos der Sprache ist danach ein onomatopoetischer Laut, den die ersten Menschen ausstießen, als sie – konfrontiert mit Blitz, Donner und Feuer – sich Gott vorstellten." Vico stellt das Phänomen verschiedener Sprachen in der Geschichte vom Turmbau zu Babel dar, einer der letzten dramatischen Auseinandersetzungen des Menschen mit Gott: Als Gott den Versuch der Menschen zu ihm aufzusteigen vereitelt, nimmt er ihnen die adamitische, die ursprünglich einheitliche Sprache und verstreut die Menschen über die Erde. Seitdem haben die Menschen verschiedene Sprachen und damit auch verschiedene Namen für Gott. Es sind jedoch nicht wesentlich andere Menschen, genauso wie ihre Götter nicht wesentlich andere sind. Es sind andere Bilder, Erfahrungen und Vorstellungen des Übernatürlichen. Die Magie ist nach Lévi-Strauss (Das wilde Denken) Suche nach einer höheren Ordnung. Der moderne Naturwissenschaftler macht im Prinzip kaum etwas anderes, er bleibt letztlich unsicher wie der archaische Magier, der auf ein Zeichen des Absoluten wartet (Linde).

Die vielen unterschiedlichen Sprachen Afrikas machen aus Afrika ein lebendiges Babylon, das zwar eine einheitliche Kultur in moderner Form verhindert, andererseits jedoch noch die kleinsten Gruppen zusammenhält und ihr eigenständiges Überleben in der Vielfalt ermöglicht. Das ist der eigentliche urafrikanische Geist, der letztlich alle Afrikaner weiträumig verbindet, indem er lokale Gemeinschaften bindet.

Durch ihre eigene Sprache erfahren Völker ihre Identität. Das macht schließlich die Freiheit ihres Geistes aus. Die eigene Sprache wird dabei zur intellektuellen Realität des Menschen, durch die er weiß, wer er ist, und auch, wo er ist. Sie ist nicht nur eine soziale Orientierung, auch in der Welt orientiert er sich über seine eigene Sprache, denn durch sie macht er einen ganz bestimmten Teil der Erde, nämlich dort, wo er gelernt hat zu leben, zu seiner Erde. Er benennt durch sie Berge, Flüsse, Täler, Pflanzen, Tiere und sich selbst und macht damit die fremde Welt zu seiner Umwelt, zur Heimat.

Die Ethnologin Hélène Claudot-Hawad sieht in der eigenen Sprache vor allem eine innere Beziehung zur Mutter. Sprache, Stamm, Familie, Gemeinschaft machen Identität aus und bedingen sich gegenseitig. Nach Hélène Claudot-Hawad ist *amajagh* die männliche Form für Tuareg, *tamajagh* die weibliche. Als Volk nennen sie sich *tamajagh* – damit beziehen sie sich in ihrer Sprache, über die weibliche Form, auf ihren Ursprung, die Mutter.

Um Ziegen und Schafe zu verkaufen, benötigen die Tuareg nicht unbedingt Tamajaqh - sie könnten Haussa oder Arabisch sprechen. Doch ohne eigene Sprache, die ihr Geist ist, der sie miteinander verbindet, zu einem Volk macht, wären sie keine Tuareg mehr, denn *wa isawalen tamajagh, imda amajagh* (wer Tamajagh spricht, ist ein Tuareg).

Africa is different. Staatsstreiche sind für Afrikaner niemals Revolutionen, bei denen etwa neue politische Konzepte oder dergleichen verwirklicht werden sollen. Da geht es immer nur um das, worum es in Afrika schon immer gegangen ist: um die Macht der Clans, der Stämme und großen Familien. Alles, was wir als politisch ansehen oder einschätzen, Konzepte und Weltanschauungen sind Afrikanern wesensfremd. Führungen des Staates, selbst kleinster Gemeinschaften, sind genealogisch ausgerichtet und das erklärt auch, warum Demokratie, ursprünglich eine Erfindung der alten Griechen, die auf engem Raum Städte regieren mussten, sich im riesigen Afrika kaum durchsetzen wird, weil sie keine Verbindung über das Blut ist. Dass fortschrittlich denkende Europäer doch an Demokratie in Afrika glauben, sei ihnen gewährt, aber wer in einem afrikanischen Staatswesen Demokratie glaubt entdeckt zu haben, sollte zweimal hinschauen. Denn um in Afrika unsere Form von Demokratie einzuführen, müsste man lange gewachsene Strukturen verändern und damit ziemlich alles verändern. Das geht wahrscheinlich weder mit Geld, Gewalt noch mit guten Worten. Denn wenn Djerma herrschen, dann herrschen nur Djerma, zum Beispiel in Niger. Wenn Bambara herrschen, dann herrschen nur Bambara, zum Beispiel in Mali. Das bedeutet: Um in Afrika eine politisch gemeinsame Sache zu machen, müssen Blutsverbindungen da sein oder starke Symbole herrschen; am besten beides. Als Europäer muss man dabei unbedingt ein *frère* sein, ein Bruder!

Nationalstaaten, wie wir sie kennen, haben keine afrikanische Tradition, und was in Afrika keine eigene Tradition hat, ist dort auch nicht der Rede wert. Frantz Fanon sagt am Schluss seines berühmten Buchs „Die Verdammten dieser Erde“: „Die Dritte Welt steht heute als eine kolossale Masse Europa gegenüber; ihr Ziel muss es sein, die Probleme zu lösen, die dieses Europa nicht hat lösen können... Also, meine Kampfgefährten, zahlen wir Europa nicht Tribut, indem wir Staaten, Institutionen und Gesellschaften gründen, die von ihm inspiriert sind.“ Das ist eine Kampfansage gegen den fremden Geist!

Darüber hinaus sollten wir uns fragen, ob die meisten Afrikaner sich Afrika tatsächlich als einen geschlossenen Kontinent vorstellen wollen. Die Bozo zum Beispiel fischen, wo sie schon immer fischten, und opfern dem Geist des Wassers, wo sie ihm schon immer geopfert haben, und denken nicht an ein geschlossenes Afrika. Afrika als politische Einheit interessiert diese Menschen schon deshalb kaum, weil sich ihr Lebensraum direkt definiert. Bei den Bozo bestimmt der Wassergeist ihr Leben. Und dieser Geist lebt im Land der Bozo und nur dort.

Menschen suchen den gemeinsamen Geist, um sich in ihm zu versammeln und schließlich zu Völkern zu werden. Dabei wird jedoch sehr genau unterschieden. Und so suchen alle Menschen einerseits die gemeinsame Identität, andererseits aber auch die Distanz, um sich von anderen zu unterscheiden. So wie sie sich an das Eigene binden, so grenzen sie sich vom Fremden ab. Das ist ein wechselseitiges Spiel, bei dem es um ein subtiles Gleichgewicht geht. Grenzen sich Völker zu sehr von anderen ab, vereinsamen sie und sind schließlich ausgegrenzt, gehen sie zu sehr auf andere Identitäten ein, droht ihnen Gefahr die eigene zu verlieren oder zu verwässern. So geht es beim Erkennen des gemeinsamen Geistes auch um das Erkennen und Ablehnen fremder Geister.

Der gemeinsame Geist zeigt sich in Symbolen, Namen, Zeichen: in einer bestimmten Kultur, die so und nicht anders ist, das ist dann die Identität, die sich vor allem in der gemeinsamen Sprache zeigt. Sprachen tragen in sich einen bestimmten Code, den nur der wirklich entschlüsseln kann, der zu dieser Gemeinschaft gehört, in die er hineingeboren wurde. Denn nur, wer eine bestimmte Sprache von Kindheit an lernt, lernt sie unverwechselbar als Muttersprache und kann sie zu seiner geistigen Identität machen. Über diese Identität gehört er zu einem ganz bestimmten Volk, zu einer bestimmten Kultur. Er ist dadurch nicht mehr irgendeiner.

Für das heutige Afrika ist diese wichtige Identität, die wesentlich das Selbstbewusstsein aller Völker ausmacht, jedoch zum Problem geworden, denn die Bedingungen, unter denen Afrikaner heute leben müssen, sind von außen vorgegeben. Und das liegt vor allem dem politischen und kulturellen Afrika schwer im Magen. Denn wenn fremde Sprachen die eigene unterwandern und sie schließlich verdrängen, dann führt das früher oder später zur geistigen Unfreiheit. Die Menschen verlieren mit ihrer Muttersprache ja nicht nur ihre Sprache, sondern damit auch ihre inneren sozialen Bindungen, sie hören irgendwann auf ein Volk zu sein. Sie sind kulturell beliebig.

Der Geist Afrikas hat zudem an mehreren Fronten zu kämpfen. Zum einen mit seiner eigenen Vielfalt in einer Welt, in der die Identitäten austauschbar geworden sind, mit der Globalisierung, zum anderen mit wirtschaftlichen Problemen, mit Aids und Bürgerkriegen. Hinzu kommt, dass immer, wenn Afrikaner nach Eigenem suchen, die Weißen mit guten Ratschlägen kommen und Afrikaner behandeln wie Fälle, die zwar noch nicht ganz und gar verloren, aber eigentlich doch abgeschrieben sind. Wer ständig nur Mitleid oder Verachtung erfährt, verliert schließlich auch jede Selbstachtung. Die meisten Afrikaner würden deshalb, um nur ja nichts falsch zu machen, am liebsten nur noch alte Traditionen beschwören. Doch das ist nicht die Lösung.

Nach dem Zweiten Weltkrieg gab es eine afrikanische Selbstbesinnung durch die von Léopold Sédar Senghor initiierte „Négritude". Das war ein Konzept, das Afrikaner zu ihrer traditionellen Kultur (wieder) hinführen sollte. „Négritude" war eine philosophisch-literarische, gemäßigte politische Ideologie, bei der es einerseits um Sozialismus, andererseits um kulturelle Eigenständigkeit der Länder der Schwarzen ging, die ehemalige französische Kolonien waren. Diese Richtung knüpfte an frühere Kolonialstrukturen an, das heißt, die Verbindungen zum französischen Mutterland wurden weder abgebrochen noch infrage gestellt.

Der Begriff „Négritude" wurde von dem Dichter Aimé Césare erfunden. Senghor, späterer Staatspräsident von Senegal: „Négritude ist das So-Sein des Schwarzen, die Summe seiner Ausdrucksweisen im Sozialen und Kulturellen." Dabei stellte Senghor den Afrikaner als Menschen der Emotion dem Europäer als Menschen der Ratio gegenüber.

Ende der sechziger Jahre war es mit der Négritude vorbei; denn das authentisch neue Eigene zu schaffen war für die in Französisch schreibenden Afrikaner insofern schwierig, weil sie durch die Politik der Assimilation einfach schwarze Franzosen waren und nur ihren besonderen Befindlichkeiten Ausdruck verliehen, nicht aber einen eigenen afrikanischen Standpunkt durchsetzten, der möglicherweise gegen Frankreich oder die Weißen allgemein und deren Art zu denken und zu handeln gerichtet war. Senghor hat das sicher gespürt, denn von ihm stammt eine nachdenklich stimmende Aussage zu Freiheit und Identität: „Ohne Frage ist Freiheit noch schlimmer als Sklaverei, wenn man nicht weiß, wer man eigentlich ist. Der Sklave weiß wenigstens, dass er Sklave ist. Wir vergessen leicht, dass der kulturelle Imperialismus die gefährlichste Form des Kolonialismus ist, weil er uns unser eigenes Wesen verbirgt und uns nicht zu uns selber kommen lässt." Die masirische, also berberische Ethnologin Makilam aus Algerien sagt Ähnliches: „Vor nicht einmal vierzig Jahren lehrten mich die Kolonialherren auf der französischen Schule, dass meine Vorfahren Gallier waren. Als Algerien nach 130 Jahren Fremdherrschaft seine Unabhängkeit erlangte, musste ich zu meinem Erstaunen feststellen, dass sich jene Vorfahren in islamische Araber verwandelt hatten."

Die Araber, die fast ganz Nordafrika ihre Sprache und Religion gebracht haben, waren Invasoren wie Punier und Römer, Vandalen, Türken und später die Franzosen. Die Bevölkerungsgrundlage bildete und bildet letztlich auch heute noch das Volk der Berber, Träger der ältesten Kulturen, wie sich aus Bodenfunden, Steinsetzungen und Felsbildern ergeben hat. Deren Vorfahren gehören zu den ältesten Rassen Afrikas, den Cromagniden und den Khoisaniden. Als „Berber", übersetzt „Fremde", sind sie erst durch die Berichte der Phönizier über römische und griechische Quellen in die Geschichte des Mittelmeerraumes eingetreten. Sie werden dort Gätuler, Mauren oder Numidier genannt.

Nordafrika war zwar gekennzeichnet durch ein reges Kommen und Gehen, aber auch durch eine konstante autochthone Bevölkerung, die sich hartnäckig jeder Assimilation widersetzen konnte.

Bei der von den Engländern verfolgten Politik der *indirect rule* in den anglophonen Kolonien blieb die autochthone Struktur dagegen weitgehend erhalten und wurde damit ihrem Ursprung weniger entfremdet als in den frankophonen Ländern Afrikas. Erzogen nach den Regeln der Tradition und versehen mit westlicher Bildung, suchten die anglophonen Afrikaner einen Mittelweg zwischen den Wertesystemen, bei dem die Tradition, beziehungsweise das, was dafür gehalten wurde, immer wieder beschworen wurde. Nur, war das noch eine eigenständige Kultur mit einer eigenen, lebendigen Entwicklung? Die Realität ist denn auch seit den Siebzigern so: kaum Hoffnung auf ein Leben, das nur annähernd vergleichbar mit westlichem Wohlstand ist; dagegen überall Korruption, Machtmissbrauch und Personenkult und vor allem zunehmende Migrationen, die bereits das Ausmaß von Völkerwanderungen erreichen.

Der afrikanische Philosoph Kwasi Wiredu fragt deshalb auch etwas skeptisch: „Sind wir das, was wir früher einmal waren?" Denn der Rückgriff auf Traditionen – da sind sich afrikanische Intellektuelle überraschend einig – wird auf die Dauer nicht genügen, eine authentische Identität zu sichern, die ihren eigenen Weg finden könnte. Folklore als Zukunft will man auch nicht, denn die entbehrt inzwischen jeder inneren Kraft und ist höchstens als Touristenattraktion zu verwenden.

Die Entwicklung nach der Kolonisierung, die dieses paradoxe, kulturell, politisch und wirtschaftlich ständig mehr oder weniger kollabierende Afrika verursachte, ein Afrika, dessen Völker sich in Bürgerkriegen teilweise gegenseitig umbringen, was einem Suizid der Afrikaner gleichkommt, zusammen mit den Versuchen der Europäer, aus konstruierten Nationalstaaten politische Gebilde nach ihren Interessenlagen zu machen, das alles endete in einer unlöschbar schwelenden Katastrophe. Denn letztlich funktionierten diese neuen Staaten entweder, weil sie von den Afrikanern als Institution Staat völlig ignoriert, das heißt irgendwie nach alten Stammesregeln regiert wurden, oder wenn sie indirekt in der Abhängigkeit der ehemaligen Kolonialmächte blieben.

Vergleicht man Afrikas Entwicklung mit der europäischen, dann fällt auf, dass Europa mit seiner traditionellen Kultur der Assimilation des Fremden als Produkt ständiger Durchmischung aus sich selbst entstanden ist und dadurch schließlich seine eigene, unverwechselbare Identität gewann. Europa ist zwar auf den ersten Blick kulturell, politisch wie wirtschaftlich sicherlich kein homogener Kontinent; doch wenn Europäer Englisch, Französisch oder Deutsch als Fremdsprache sprechen, dann sprechen sie immerhin eine europäische Sprache, über die sie sich als Europäer identifizieren, denn bis auf einige wenige sind europäische Sprachen miteinander verwandt oder verschwägert. Wenn dagegen Haussa Englisch sprechen, dann sprechen sie eine Sprache, mit der sie nichts verbindet - außer Erinnerungen an die Kolonialherrschaft, deren Geist damit unbewusst beschworen wird.

Die Betrachtung der unterschiedlichen Entwicklungen von Afrika und Europa könnte durchaus hilfreich sein, die „Anderheit des Anderen" (Martin Buber) zu verstehen. Als uns vor zweitausend Jahren die Römer kolonisierten, hatte das zwar einen Umbruch unseres Lebens im Wald und die Einführung der römischen Rechtsprechung zur Folge, doch Römer, Gallier, Zimbern, Teutonen und andere Völker hatten immerhin alle eine weiße Haut, waren folglich eine Rasse und in der indogermanischen Sprachfamilie untereinander verbunden.

In Afrika war und ist das völlig anders. Die Sprachen Afrikas wirken nicht nur auf uns wie Geheimwissenschaften; es gibt keine einheitliche afrikanische Sprachfamilie. Zwischen den semitisch-hamitischen, den Sudan-, Guinea-, Bantu- und den Khoi-/Xam-Sprachen bestehen weder Verwandtschaften noch gemeinsame Wurzeln. Das allein verhindert die Vision einer kulturellen Einheit. Und das ist nicht das einzige Handicap gegenüber dem Westen.

Afrikaner haben eine schwarze Haut und gehören damit für die Weißen zu den Nachkommen von Urmenschen. Ohne jeden Zweifel sind sie heute die globalen Verlierer.

Das alles hat zu einem Rassismus geführt, der dabei ist, die Welt zu spalten. Dabei gibt es deutliche Barrieren: zum einen zwischen Europa und Nordafrika und zum anderen zwischen Nordafrika und Schwarzafrika, also in Afrika selbst. Die eine wird noch dadurch verstärkt, dass der Westen seine für Afrikaner unbezahlbare technische Kultur global durchgesetzt und damit den Standard festgelegt hat, der Afrikaner praktisch vom Weltmarkt ausschließt.

Nicht unterschätzen sollte man als die zweite Barriere das muslimisch geprägte Nordafrika, für das die ursprüngliche Religiosität Schwarzafrikas reines Heidentum ist. Derartig hin- und hergerissen zwischen fremden Religionen, der unfassbaren Macht westlichen Geldes und ihrer politischen Abhängigkeit, wie sollten Afrikaner sich unter solchen Bedingungen überhaupt noch mit sich selbst identifizieren können?

Ursprünglich gab es in Afrika eine mehr oder weniger klassenlose Gesellschaft, in der materieller Besitz wenig zählte. Doch heute ist gerade Besitz die Vorgabe, die der Westen in die Welt gesetzt hat. *No money no friends* steht in Lagos auf einem Taxi.

Ein weiterer wichtiger Unterschied zwischen dem Westen und Afrika liegt in der medialen Veranlagung der Afrikaner, die im rationalistisch geprägten Westen auf Verständnislosigkeit stößt. Die amerikanische Anthropologin Ruth Benedict hat das so beschrieben: „Trance und Ekstase sind danach bei Primitivvölkern in höchstem Maße geschätzt. Der Wahrsager, oft ein Mensch von hoher Intuition und Irrationalität, genießt in Afrika höchstes Ansehen und ist oft auch Führerpersönlichkeit." Doch das entspricht weder dem transzendentalen noch rationalen Geist des Westens.

Andererseits sind die Afrikaner doch nicht so dumm, als dass sie nicht erkannt hätten, dass sie in einer doppelten Sackgasse gelandet sind. Und um da wieder herauszukommen, helfen, das ist ihnen klar, weder hartes Sparen noch Kredite der Weltbank, die am allerwenigsten. Resignation und Selbstaufgabe machen sich deshalb breit und führen zu dem Bild von Afrika, das der Westen eigentlich erwartet: chaotisch, korrupt und desolat. Doch das entspricht weder dem Wesen noch dem Geist Afrikas! Was jedoch die lange Gedemütigten jetzt aufhorchen lässt, ist die Heilszusage der islamischen Fundamentalisten, weil diese ein Wunder versprechen. Vor allem: Die ehemaligen – immer noch leidlich verhassten – Kolonialherren haben vor den islamistischen Fundamentalisten sichtlich Angst, weil sie deren spiritueller Motivation und Entschlossenheit kaum etwas entgegensetzen können.

Der Islam ist eine Religion der Wüste und Wüste bedingt Askese. Der Westen mit seiner Verschwendungssucht ist deshalb in Afrika als Kulturbotschafter kaum überzeugend. Und so kommt da einiges zusammen, das explosiver ist, als westliche Politiker es möglicherweise erkennen oder erkennen wollen.

Wie alle Verlierer, so warten auch die Afrikaner auf Zeichen, die bekanntlich Wundern vorausgehen. Und diese Zeichen werden gegen den bösen Zauber des Westens, gegen seine Magie und Symbole und damit gegen seinen Geist gerichtet sein sein. Doch das politisch bedächtigere Afrika will weder Aufstand noch Terror, sondern nur eine akzeptable Gegenwart und ein paar leidlich gute Aussichten.

Afrikaner haben darüber hinaus neuere Probleme, die darin bestehen, dass sie zu den eigenen Dingen kein Vertrauen haben, was ebenfalls eine Folge der Kolonisierung ist. Kwasi Wiredu: „ Die Lösung für Afrikas Identitätsproblem in der gegenwärtigen Welt ist *nicht* im kulturellen Traditionalismus zu finden – was viele Afrikaner immer noch glauben –, sondern in einer kritischen und rekonstruktiven Selbstbewertung, wobei der wahre Kampf der *mentalen* Entkolonisierung zu gelten habe. Das heißt, die Weißen müssten akzeptieren, dass Afrikaner anders denken als sie und wahrscheinlich auch anders leben wollen." Doch nehmen die Weißen die Afrikaner überhaupt auf diesem Niveau wahr? Wissen die Weißen eigentlich auch, wie jung und vital Afrikaner sind?

Und wie alt und etabliert sie selbst sind? Steht da nicht auch das Denken der alten Weißen gegen das der jungen Schwarzen?

Wie schwierig die Anerkennung eigener kultureller Wege ist, zeigt ein Projekt von H. Odera Orekas, der bis zu seinem Tod 1995 afrikanische Weise befragte, um deren Wissen aufzuzeichnen und damit afrikanische Philosophie zu erfassen, und letztlich auch, um zu zeigen, dass es überhaupt eine afrikanische Philosophie gibt. Doch die Europäer sahen darin gleich ein akademisches Problem, indem man afrikanische Weise mit abendländischen Philosophen verglich. Nun ja, so sagte man, Afrika habe ja sicher Philosophen, doch das seien eben nicht Philosophen im abendländischen Sinne. Afrikanischen Philosophen fehle die entsprechende Tradition, der philosophische Urknall - und der fehle ihnen vor allem schriftlich.

Der eigentliche Grund der Abneigung westlicher Denker gegenüber afrikanischem Denken liegt indessen tiefer. Einmal in den unterschiedlichen Weltbildern (Materialismus versus Spiritualität) und dann in der Abneigung des Westens gegen das Offene. Der Westen sieht den „Urgrund der Seele und des Geistes" - das, was ihm von höchstem Wert ist - im Wald und im Acker. Daraus entstanden alle abendländischen Ethiken und Philosophien der Transzendenz (Haudricourt). Die Weltbilder Afrikas stehen dazu in diametralem Gegensatz. Die Philosophien von Socrates, Plato, Descartes, Kierkegaard, Marx, so wurde argumentiert, hätten völlig andere Ausgangspunkte. Eben! Philosophie sei bei uns eine Wissenschaft, bei der es um methodisches Denken, Wissenschaftstheorie und was nicht noch alles gehe. Denn „das Denken", sagte Kant, „kann nur über sich selbst etwas wissen."

Doch das ist keinesfalls die Art zu denken für afrikanische Philosophen. Diese sind in der Regel Praktiker des Sozialen, angesehene Persönlichkeiten und Richter, die verbindliche Urteile für das Gedeihen der Gemeinschaft fällen. Ihr Anspruch ist Gerechtigkeit, und nur damit wird in Afrika Weisheit gleichgesetzt. Es geht dort weder um Logik noch um den Diskurs der Methode, denn diese Art zu denken führt auffallend häufig in die Einsamkeit von Monologen, wenn nicht noch weiter. Für Afrikaner ist Denken ein dynamischer Dialog, den man auch „nomadisch" (Deleuze) nennen könnte, denn im Gegensatz zum abendländischen Denken, das dem Geist des Sesshaften folgt, weil es Konstanten errichtet, respektiert afrikanisches Denken keine künstlich gezogenen Grenzen zwischen Subjekt, Begriffen, dem Sein und dem Objekt. Afrikanisches Denken ist damit offen und – aufgrund seiner magischen Tradition - auch in der Lage Zusammenhänge zu schaffen, wo sie dem Logiker unmöglich sind. Ob da nun ein Weiser spricht oder ein Geschichtenerzähler die Leute unterhält und wahrscheinlich auch unterrichtet, in Afrika sind *griots* immer umringt von einem interessierten Publikum, weil sie direkt denken und sich dabei nicht von der Welt abwenden, wie es unsere Denker hin und wieder tun, die dann so klingen, als käme ihre Stimme geradewegs aus allernächster Nähe des Allmächtigen.

Ein afrikanischer Philosoph steht vor den Menschen, die ihm zuhören, die in ihm den Meister der Sprache und damit auch immer als seriösen Zauberer sehen. Der *griot* sieht die Menschen, die er anspricht, und sie sehen ihn. Er sieht, ob sein Zauber wirkt! Deshalb muss er mit seiner Persönlichkeit überzeugen und wird keine abstrakten Begriffe, sondern Symbole verwenden, die zu Zaubermedien werden, weil sie den Geist bündeln und damit alles Denkbare auf einen Punkt bringen; die Stärke dieser Symbole besteht darin, dass sie bereits lebendige Wirklichkeit sind und nicht erst übersetzt oder interpretiert werden müssen.

Der Zugang zum afrikanischen Denken führt für uns aus dem Westen eigentlich nur über den sinnlichen Weg, bei dem wir Mythen und Magie, Widersprüche und häufig auch Paradoxien entdecken werden. Es hat wenig Sinn, wenn wir versuchen das räumlich Bildhafte des afrikanischen Denkens mit der flächigen Logik unseres Denkens in Einklang zu bringen. Denn in allen Symbolen und Bildern gibt es für das Gleichgewicht, das durch Verstehen und Sinn entsteht, keinen festen Punkt, alles ist in Bewegung, schwebt im Raum, stürzt ab, steigt auf, wird sichtbar, unsichtbar, verwandelt sich und schafft dabei Orientierung - wenn wir folgen können.

Viele der vom Schicksal umschwirrten Geister Afrikas kommen seit Jahrtausenden geradewegs aus der Erde: Ihre Symbole sind das Krokodil, die Schlange, der Waran. Alle diese Echsen stehen für die Kraft der Erde. In ihnen sind die Geister des Wassers und des Feuers. Die Schmiede der Tuareg, die Herren des Feuers sind und mit der Unterwelt gute, alte Beziehungen haben, stammen spirituell direkt von diesen mythischen Echsen ab. Diese Tiere sind Teil ihres Bewusstseins und werden als Emissäre einer tieferen Welt respektiert, verehrt und irgendwie auch geliebt. Die Schmiede, als Verbündete der Erdgeister, werden so zu Boten der Unterwelt, in der die Wiedergeburt geschieht. Das macht sie zwar gefürchtet und seltsamerweise auch verachtet, doch in der Gesellschaft haben sie ihren festen Platz, mit dem sie keineswegs unglücklich sind. Oft werden sie gewählt, um Ehen zu vermitteln oder Verträge zu schließen.

Diese Symbole sind Hintergrund für traditionelles Bewusstsein, sie verbinden Menschen, Tiere, Dinge und Zeit und schaffen daraus Wirklichkeit, in der alles eins ist. Doch das ist komplexer, als wir uns das vorstellen könnten, weil wir für diese Räume zu flächig-linear denken. Es gibt in dieser Symbolik alte und immer sehr geheime Verträge zu beachten, die man durch Feste, mit den Stimmen der Trommeln, mit dem Blut der Opfer, in Tänzen, die immer zur Erde gerichtet sind, erneuert, um den Vorfahren Zeichen zu geben: So entstehen alte animistische Kulte und Zeremonien, in denen die Menschen sich mit der Welt und ihren Ahnen verbinden und sich Zeit als ein ständiges Ereignis im Raum vorstellen.

Für Afrikaner gibt es deshalb zwischen Innen und Außen, zwischen Traum und Wirklichkeit keinen Unterschied. Imagination und Bewusstsein sind gebunden und verwebt im Fetisch, in der Maske, in sichtbaren und imaginären Zeichen. Deshalb ist den Afrikanern unser Weltbild aus abstrakten Begriffen, mit dem wir heute die Welt beherrschen und sie gleichzeitig verlieren, einfach unverständlich.

Breyten Breytenbach zeigt, wie komplex Denken und Vorstellung schriftloser Kulturen sein können, wenn er von der Erschaffung des Menschen in der Genesis der Bambara in Mali erzählt. Dort kennt man zwei verschiedene Begriffe für das Individuum. „*Maa*, das ist die Person, und *Maaya*, das sind die Personen der Person. Keiner ist nur das, was er gerade ist! In jedem sind sehr viele und alles kann sich verwandeln. Nach diesem Mythos erschuf *Maa-Ngala*, Gott-Meister, sich selbst. Dann schuf er zwanzig andere Geschöpfe, die zusammen das Universum füllen sollten. Aber er erkannte, dass keines von ihnen fähig war, sein Gefährte zu werden. Daher nahm er von jedem ein wenig und machte daraus ein einundzwanzigstes Wesen. Dieses Mischwesen war der Mensch, dem er den Namen *Maa* gab, den ersten Teil seines heiligen Namens." Deshalb heißt es im Sprichwort: „Der Mensch ist das Universum im Kleinen." Und ein anderer Ausdruck aus Mali benennt es treffend so: „Man hört niemals auf, *Maa* kennenzulernen."

„Afrikaner", sagt Breyten Breytenbach, „binden sich durch Stammeswurzeln und das Bewusstsein der Zugehörigkeit zu einem Kontinent, der definiert und geschaffen wurde durch Mythos, Magie und Animismus, aber auch *ex negativo* durch das, was andere ihm angetan haben. Ein Kontinent der Exzesse und Grausamkeit und des Überlebens auf niedrigster Stufe, wo der Gedanke des Eigentums fast völlig fehlt, wo Bescheidenheit herrscht ... der Ursprung des homo sapiens ist und diese niemals endende Metamorphose der Wahrnehmung und Existenz, in der wir ständig zur Welt unsere Gegenwelt setzen müssen."

Umzug in der Sahara.

„La cisterne". Der Kenworth ist rot und riesig. Darauf ein Tank mit 50.000 Litern Diesel. Die Bremsanlage zischt den überschüssigen Druck ab. Der Fahrer schreit mich durch den technischen Lärm gut gelaunt von hoch oben an: „Was machste denn hier? Alles in Ordnung?" - „Mais oui, tout zawa-zawa!" schreie ich zurück. Das ist die allgemeine algerische Begrüßungsformel, *en brousse* hat man sich damit das Wichtigste gesagt.

Ich koche gerade Tee. Er hat mich von weitem gesehen, auf mich zugehalten - langsam, aber unausweichlich - und hängt jetzt halb aus der Kabine, ist neugierig auf das, was da mitten in der Einöde geschieht, oder will etwas gegen das schneidende Alleinsein tun, das einen ja in der Sahara gelegentlich befällt. Der Kumpel klettert vom Kommandostand des Kenworth' zur Wüste herunter. Er trägt die üblichen Badelatschen, ihm fehlen ein paar Schneidezähne. Er lacht in die untergehende Sonne. Und wir bestätigen uns noch einmal: „Zawa-zawa?" - „Zawa-zawa!"

Der Tee schmurgelt in der Kanne in der Glut. Einer Teekanne zuzuschauen, wie es in ihr lebt, das sind Sternstunden in der Sahara. Der Trucker, nicht mehr jung, noch nicht alt, ist der Typ, der die Tour hier nicht zum ersten Mal macht. Kein „Lohn der Angst"-Fahrer, eher ein Familienvater, der entschlossen, aber umsichtig von Hassi Messaoud über Amguid nach Djanet fährt. Das sind gut 400 km Straße und dann 1100 km unwegsame Piste ohne jede Versorgung. Die Grundausrüstung an Handwerkszeug, um den Kenworth in Bewegung zu halten, besteht aus zwei gewaltigen Brechstangen und ein paar Schraubenschlüsseln, die so bei M36 anfangen, einem Monster von Hydraulikheber und zwei Reserverädern von je 400 kg an einem Schwenkkran. Diese Teile irgendwann zu montieren erfordert Maßarbeit mit schwerster Last.

Er schaut sich nun etwas kritisch den Platz an, überprüft kurz das Gelände, sieht, dass ich bereits größere Steine weggeräumt habe, ist sichtlich zufrieden und holt ein Stück windgetrockneten Hammel vom Dach der Kabine und meint dann – mit Blick auf die untergehende Sonne: „Das essen wir nachher."

„Pisch-schsch" macht die Bremse vom Kenworth zum letzten Mal. Es ist inzwischen kalt geworden und stockdunkel. Ich lege eine Kassette ein. Aus der Nacht singt Cheb Hami von Freiheit. Musik vertreibt die bösen Geister.

Die Gegend hier ist steinbruchartige Schuttwüste. Letzlich ebenso wenig seine Heimat wie meine. Er kommt aus den Bergen der Kabylei, da blühen im Frühling Blumen und im Winter ist alles verschneit. Da gibt es Frauen mit bunten Röcken und geschminkten Augen. Hier gibt es nur Staub, Diesel und Gendarmerie. Wahrscheinlich schleppen wir beide dieses beklemmende Gefühl mit uns herum, etwas zu allein auf der Welt zu sein. Und zusammen um ein Feuer zu sitzen ist dann eine gute Sache.

Ich stochere in der Glut herum, brate das Fleisch an, den Deckel drauf und jetzt warten wir ab. In der Schüssel daneben dampft der Reis vor sich hin.

Das Leben in der Wüste wird irgendwann zur Routine. Und die Freiheit besteht darin, dass der LKW am Morgen anspringt, obwohl es verdammt kalt war. Man will einfach nur ankommen und das möglichst ohne größeren Ärger.

Um mich herum pechschwarze Nacht, vor mir das kleine Feuer und dahinter der riesige Schatten des Kenworth'. Von der Seite kommt die Kälte angekrochen und da liegt man nun, die Piste dröhnt noch immer in den Ohren und doch ist die Ruhe bereits irgendwie lästig. Dann ist es endlich so weit. Ich verteile den Reis, dann das Fleisch. „Bismillah!" Danach Tee. Wie üblich sehr stark und bitter-süß.

Geld und Geschäfte. Typisch für viele Afrikaner ist ihre Abneigung, die Weißen für Waren oder Leistungen, welcher Art auch immer, zu bezahlen. Afrikaner haben sich wahrscheinlich so daran gewöhnt, selten oder gar kein Geld zu haben, dass sie – selbst wenn sie tatsächlich Geld haben sollten – es ungern ausgeben. Sie empfinden dann die dicke Rolle CFAs in der Hosentasche, gesichert mit einem Stück Fahrradschlauch, als *cricri*, das man auf keinen Fall weggeben dürfe.

Als Weißer sollte man deshalb auch niemals erwarten, Afrikaner – besonders Nigerianer - würden ihn mit Geld, vor allem mit echtem, bezahlen. Umgekehrt hat man als Weißer seltsamerweise bei vielen Afrikanern Kredit. Das Vertrauen überrascht, hat aber wahrscheinlich tiefere Ursachen.

So sehr man den Weißen als technischen Hexer irgendwie fürchtet, weil er alles, was er erreicht, mit Sicherheit einer sehr fremdartigen schwarzen Magie verdankt, in Geldangelegenheiten vertraut man ihm allein deshalb, weil man in ihm den Vater des Geldes sieht. Man kann deshalb durchaus größere Geschäfte mit Zahlungsziel für das nächste Jahr abschließen. Doch man hüte sich davor, Afrikanern seinerseits Kredit einzuräumen („le crédit est le mort"), und vor jeder Art von Tauschhandel.

Tauschhandel hat in Afrika eine längere Tradition als Geschäfte gegen Geld, und Tauschen macht am Anfang natürlich auch Spaß, weil der eine das los wird, was er nicht mehr braucht, und der andere wiederum im Gegenzug das, was ihm angeboten wird, wahrscheinlich niemals brauchen wird. So macht der Tauschhandel zwar erfinderisch und fördert zwischenmenschliche Beziehungen, aber er endet in der Regel mit einem einseitig schlechten Geschäft, und das natürlich immer für den Weißen.

Dass dieser archaische Warenaustausch jedoch einfach sein könnte, nur weil er afrikanisch-archaisch ist, ist ein Irrtum. Es gibt Tauschhandel, bei dem sich der bereits als abgeschlossen gewähnte Handel wieder ins rein Fiktive verwandeln kann, wenn nämlich nicht sofort und vor allem nicht endgültig getauscht, sondern nur ein Tausch angekündigt wird und Tauschen, Umtauschen, Eintauschen in ein dynamisches, wechselseitiges Verhältnis zueinander geraten, wobei jeder Partner dem anderen zwar ein bestimmtes Tauschobjekt zusichert, das jedoch nicht oder noch nicht hat, sondern noch anderweitig ein-, gegen- oder umtauschen will. Das entwickelt sich zu einer Art Warentermingeschäft ohne Waren und ohne Termin. So etwas kann sich folglich hinziehen. Man wird sich ständig gegenseitig daran erinnern und sich auch nicht aus den Augen verlieren. Irgendwann geht es nur noch um Vertrauen.

Ein einfaches Beispiel aus der Praxis, bei dem ich allerdings noch gut weggekommen bin: Ich lieh mir einmal von Chergui Slimane aus Tamanrasset 10.000 algerische Dinare. Das war in einer Zeit, als diese Summe - regulär getauscht - ein nicht unerheblicher Wert war. Da der Prophet jedoch Zinsen in Geld verboten hat, einigten wir uns ersatzweise auf eine gebrauchte, gut erhaltene Blattfeder für seinen Land-Rover. Der Tag der Rückzahlung kam, das Bündel Geld in der Hosentasche und die Feder für den Land-Rover im Gewicht von ca. 40 kg geschultert, so stand ich am Airport von Tamanrasset. Wie geht's, *zawa-zawa*, allen ging es gut und ganz nebenbei bekam er sein Geld zurück und auch die gewünschte Feder, an die er im Ernst eigentlich niemals geglaubt hatte. Wildfremde Tuareg grüßten mich noch Tage danach, denn Chergui hatte nichts Besseres zu tun als die Neuigkeit überall herumzuerzählen. Mein Ruf und Ansehen waren gefestigt; denn ich hatte Wort gehalten, *la parole*. Und das ist dann auch der Schlüssel zum Herzen aller Afrikaner. Da sie selbst sehr erfinderisch im Ersinnen aller möglichen Ausreden sind, werden Weiße, als anerkannt zuverlässige Zahler, somit fast schon zum festen Punkt im afrikanischen Finanzgebaren.

Les blancs und Geld, das sehen viele Afrikaner in der Tat als Wunder an: Ich hatte eine sogenannte Tausend-Taschen-Weste, das ist ein Bekleidungsstück, das stets für Überraschungen sorgt, weil man immer wieder darin etwas entdeckt, das längst verloren geglaubt. In dieser Weste hatte ich in einem Geheimfach meistens ein Päckchen mit gut sortierten Geldscheinen. Wenn dann etwas zu bezahlen war, griff ich in die Weste und zog genau den Schein heraus, den man verlangte. Das vereinfachte vieles. Da ich nun nicht ständig die Taschen voller Geld noch das Geheimfach gefüllt hatte, konnte ich die Weste gelegentlich auch einfach irgendwo mehr oder weniger unbeaufsichtigt ablegen. Dachte ich. Doch das war unmöglich! Sofort schallte es mir von allen Seiten entgegen: „Edgar! La veste! Attention, la veste!" Da natürlich niemand sah, wie und wann ich die Weste wieder mit Geld füllte, bekam die Weste etwas Magisches. Als der Tag der Rückreise nach Deutschland kam, wollte man mir unbedingt – für gutes Geld und selbstverständlich *cash* – diese Weste abkaufen, weil der neue Besitzer von der Zauberkraft der Weste profitieren wollte.

Alle Afrikaner sind Meister des Marktes, und der Markt in Afrika ist tatsächlich ein ökonomisches Biotop, dessen inneres Wesen man als Weißer wahrscheinlich niemals erschöpfend kennen wird, denn der ist nicht mit unserem Wochenmarkt zu vergleichen, weil in Afrika die verschienenen Ethnien alle immer nur bestimmte Waren anbieten. Daraus entstehen Regeln und Hierarchien des Marktes mit einer für uns umwerfenden Farbigkeit, die über die Gesetze dieser Märkte nicht hinwegtäuschen sollte.

Der eigentliche Kaufmann ist immer ein Haussa und damit bereits kein einfacher Händler mehr, sondern fast eine Bank im Kleinen. Man nennt ihn *diula*.

Obwohl ein wichtiges Bindeglied zwischen Bauern und Nomaden, ist er nicht gerade beliebt und so wird der *diula* schon fast wie der Schmied angesehen, nämlich schlecht. Denn so, wie der Schmied den Geist aus der Unterwelt beherrscht, beherrscht der *diula* den Geist des Geldes, also den Geist, der fast alles verwirklichen kann und Macht gibt über alle, die kein Geld haben. Das macht den Kaufmann suspekt, gefürchtet, aber er ist letztlich unentbehrlich. Und das haben die *diula* mit den Weißen in Afrika gemein.

Markt, der Handel ganz allgemein, passt so gut zu Afrika, weil der Boden nicht viel hergibt und man da, wo nichts wächst, immerhin Handel betreiben kann und das auch tut. Auf dem Markt von N'Djamena im Tschad trifft man praktisch alle Völker und Rassen Afrikas, und keiner von ihnen lebt eigentlich schlecht. Man fragt sich zwar, woher das viele Geld kommt, doch die Antwort der Afrikaner ist einfach und in gewisser Weise logisch: vom Handel. Darüber hinaus fördert der Handel aber auch den Frieden; das heißt, ohne Handel wäre alles noch schlimmer. So wird berichtet, dass früher Kampfhandlungen sofort eingestellt wurden, wenn die Händler kamen, und kriegerische Parteien sich völlig unkriegerisch beim Händler trafen und gemeinsam über dessen unverschämte Preise schimpften.

Nun sind Märkte in Afrika aber nicht nur Umschlagplätze für Waren, sondern auch Forum für jede Art von Kommunikation. Jeder, der auf den Markt kommt, sucht ja nicht unbedingt eine bestimmte Ware. Ganz nebenbei kann man von seinen Schuldnern Geld eintreiben, seinen Feinden eins auswischen, Klatsch und Tratsch verbreiten, damit selbstverständlich Politik betreiben und vieles mehr. Der Markt ist aber auch Feld für erotische Abenteuer. Wer auf den Markt geht, zieht deshalb schöne Kleider an und nimmt sich Zeit; der Markt ist immer ein gesellschaftliches Ereignis.

Auf allen afrikanischen Märkten spielen Frauen die Hauptrolle. Das heißt, der gesamte Nahrungsmittel- und Kleinhandel liegt in ihren Händen. Bei den Yoruba beherrschen sie absolutistisch das gesamte Marktgeschehen. Das bedeutet: Wer Afrikanerinnen kennen lernen will, sollte zum Markt gehen und – wenn irgend möglich - dort auch selbst etwas anbieten und die Erfahrung machen, von einer afrikanischen Marktfrau nach allen Regeln der Kunst des Feilschens niedergemacht zu werden.

Als in den Siebzigern bei Studenten die Mode aufkam, alte Autos in Afrika zu verscherbeln, wurden diese Jungunternehmer häufig von Pauschaltouristen herablassend als Schieber bezeichnet. Zu Unrecht. Für die Afrikaner waren sie die einzigen Weißen, mit denen sie tatsächlich etwas anfangen konnten, nämlich Handel treiben.

Weiße und Afrikaner wird auf Anhieb kaum etwas anderes verbinden. Wer von uns etwa denkt, er könnte einem Afrikaner imponieren, wenn er ihn zum Bier einlädt und ihm versucht die Globalisierung zu erklären, der wird unter Umständen nach einiger Zeit gefragt werden, ob er sein Hemd nicht verkaufen wolle, es gäbe dafür bereits einen vorgemerkten Kunden - und er zahle *cash*!

Auf diese Art und Weise können Freundschaften entstehen. Ich kenne da einen Targi, Ahmed Bahani aus Agadez, der gibt mir und seinen anderen europäischen Freunden kiloweise Silberschmuck „auf Kommission" mit und erreicht damit, dass harmlose Touristen nun zu seinen Geschäftspartnern aufsteigen und vom Anteil am Schmuckverkauf im Rotary-Club, Sportverein oder Wochenendseminar schnell den Flugpreis für die neue Reise nach Agadez heraushaben und vor allem dadurch wiederkommen. Meistens bringen wir dann noch Freunde und Bekannte mit und so geht das Leben in Agadez weiter.

Was jedoch Afrikaner immer irritiert, sind Steuern und Zoll. Schwarzmarkt ist in Afrika völlig normal – das sagt schon der Name - und wird von seinen Betreibern nicht als illegal angesehen. So berichten die *fraudeurs* beim Tee in Agadez von ihren Abenteuern mit den algerischen und libyschen *douaniers*. Allerdings, wenn sie abgefangen werden, geht es dabei ruppig zur Sache; häufig wird auch scharf geschossen. Wer unversehrt - vor allem mit Gewinn! - von solchen Handelsreisen zurückkehrt, ist in jedem Fall ein Held, „ein Liebling der Frauen".

Auch im Handel gilt, Afrikaner sind niemals nur sachlich, dafür immer konkret und pragmatisch. Hinzu kommt, dass sie einen umwerfenden Charme haben, der, gepaart mit schierer Lebenstüchtigkeit, eben den erfolgreichen Afrikaner ausmacht. Und wer von uns diese Leute etwa als naiv einschätzt, der wird sich noch wundern. Denn deren Naivität müssen wir erst noch gewachsen sein.

Der afrikanische Hang zum Konkreten wurde mir deutlich an einem Preisausschreiben der amerikanischen Gesellschaft „Western Union", die sich vorgenommen hatte, Händler in Niger davon zu überzeugen, dass es sinnvoll sei, Geldüberweisungen durch „Western Union" vorzunehmen. Das ist an sich in Afrika etwas seltsam, denn normalerweise wird entweder *cash* gezahlt oder man tauscht oder man zahlt eben zeitfern oder nie. Zahlungen per Überweisung, wie wir das kennen, sind in Afrika bisher unüblich gewesen. „Western Union" bewirbt nun diese Neuerung mit einem Preisausschreiben. Der erste Preis besteht dabei in soundsoviel tausend CFAs, vor allem aber in einem riesigen Hammel, den man auf dem Plakat annähernd formatfüllend abgebildet hat.

Neben ganz konkreten Geschäften schätzen Afrikaner kleine Aufmerksamkeiten, die wir als nützliche Abgaben, kurz „NA" genannt, bezeichnen. Man sollte also den richtigen Leuten zur richtigen Zeit die richtigen Geschenke machen. Und dieses Prinzip gilt bei allen Straßenkontrollen und Grenzübergängen, dort besonders. Afrika kannte zwar ursprünglich keine festgelegten Grenzen, aber durchaus die Abgabe, die zu entrichten war, wenn man den Einflussbereich eines Herrschers verließ und den eines anderen betrat. Diese Tradition zu bewahren ist eine der vorrangigen Aufgaben der Polizei.

Auch heute noch will sich kein Polizist an der Schranke langweilen, er möchte jeden Tag sein *enneli* essen, und seine Frau und seine Kinder möchten das natürlich auch. Wie kommt der Globetrotter denn eigentlich nur auf den Gedanken, dass jener sich freuen könnte, ihn endlich einmal kennenzulernen? Um ihn etwa ohne *cadeau* wieder ziehen zu lassen?

Der frühe Morgen ist glasklar und so kalt, dass man sich sträubt überhaupt aufzuwachen. Ibrahim klappert bereits mit dem Hammer am Kenworth herum. Ich bringe vom Schlafsack aus das Feuer in Gang und stelle die Teekanne in die qualmende Holzkohle vom vergangenen Abend. Ibrahim fragt nach einem *cadeau* . Auch das noch! Etwas für Frau und Kinder, irgendwas, du hast doch was, dein Auto ist voll mit schönen Sachen! Müsliriegel? Müsliriegel! Einen ganzen Karton bin ich los. Ibrahim ist zufrieden, er hat eine Beute und der Tee ist auch fertig. Wenig später läuft der Kenworth wie ein mittleres Stahlwerk an. „Fahrn wir ensemble?" - „Mais oui, d'accord!" *Mafish mushgida.* Jetzt hat er bis Djanet auch einen Koch.

Imagination und Geist. Der Geist zeigt sich in imaginären Zeichen. Werden diese Zeichen komplex und bleiben dabei intelligibel, universell nachvollziehbar, entstehen allgemein gültige Sprachen. Über Sprachen werden Menschen zu Entdeckern, sie entdecken sich selbst in ihren Sprachen, hinzu kommen die Welt, die Fremden und am liebsten Gleichgesinnte und natürlich Geschlechtspartner und das Essbare. Immer ist beim Menschen jedoch Sprache im Spiel, um die Synthese, die Verbindung von These und Antithese, Bewusstsein im Gleichgewicht zu erreichen. Das wäre eigentlich schon alles, wenn es nicht noch erfolgreich verwirklicht werden müsste. Aus dieser Balance, einer Art Schweben zwischen den Erfahrungen aus der realen Welt und dem Übernatürlichen, der Imagination und dem Denken, ergibt sich - wenn alles gut geht - der Sinn. Der ist extrem wichtig, denn ohne Empfindung von Sinn kollabiert das Bewusstsein und der Mensch verliert die innere Orientierung und damit seine Selbstsicherheit und danach auch seine Überlebenschancen. Sinn und Bewusstsein sind folglich voneinander abhängig. Kultur ist - ganz allgemein gesehen - die Summe dieser Balanceakte zu innerer Orientierung.

Der Primitive, der die Welt naiv und staunend als erster betrachtet, ist gleichzeitig auch authentischer Zeuge ihres Ursprungs und setzt aus diesem Staunen heraus ein erstes Zeichen als Reflex und Spur seines bewussten Seins in die Welt, er ist sich seiner selbst bewusst, und im Zeichen bestätigt er sich selbst und der Welt, den Zusammenhang, den Sinn verstanden zu haben. So entsteht der Geist, der als Frage beginnt und sich über Intuition (in der Kunst) und im Glauben (in der Religion) selbst beantwortet. Der Mensch entdeckt dabei den Geist als etwas unsichtbar Vorhandenes, das Gegensätzliches miteinander verbindet, das Wahrscheinliche mit dem Unwahrscheinlichen, das Licht mit dem Wasser, das Weibliche mit dem Männlichen und vieles mehr. Der Primitive erfährt Wirklichkeit als existente Rätsel und Wunder, weil alles sich ständig in einer anderen Zeit verwandelt. Geist und Zeit werden zum Mysterium, weil sie alles bewirken und selbst unsichtbar bleiben. Sichtbar sind nur die Anzeichen der Verwandlung, die damit zur Metapher und zu Bildern für den Ablauf der Zeit wird. Die Zeit selbst entzieht sich jeder Betrachtung. Um dieses Phänomen halbwegs sinnlich erfassen zu können, um das irritierte Bewusstsein zu beruhigen, das ständig fragt, wie es denn weitergeht, weitergehen könnte, erfindet der Mensch Brücken zum Unerklärlichen. Die wichtigsten Brücken sind die Symbole.

Die rätselhafte Erfahrung von Zeit als Wirklichkeit in der Verwandlung und der Verwandlung als einzig möglicher Wirklichkeit und die spirituelle Reaktion darauf sind wesentliche Grundlagen für die unterschiedlichen Weltbilder des Menschen. Je intensiver er Wirklichkeit als Rätsel empfindet, umso intensiver wird sein Suchen nach metaphysischer Symbolik und spiritueller Orientierung sein.

Um Wirklichkeit in seiner Zeit zu begreifen, muss der Mensch versuchen Geschehen in der Zeit festzuhalten und zu begreifen, um eine allgemeine und beliebige Wirklichkeit zu seiner eigenen Wirklichkeit, eine allgemeine Zeit zu seiner Zeit zu machen und das mit seinem eigenen Zeichen zu bestätigen. Dazu benutzt er vor allem die metaphysischen Zeichen. Damit diese Zeichen bleiben, nicht vom Wesen der Zeit, der Entropie, weggetragen werden, bestimmt er dafür einen festen Ort und gibt den Dingen Namen in seiner Sprache. Damit verbindet er sich selbst über den Geist mit der Welt und macht gleichzeitig eine beliebige Zeit zu seiner Zeit, eine beliebige Welt verwandelt er in seine Wirklichkeit. Jetzt kann er auch frei und bewusst handeln, weil er über reine Tatsachen hinaus eine Vorstellung vom Zusammenhang, vom Sinn hat: Das ist dann seine innere Orientierung, die seine wahre Identität als Mensch ausmacht, im Gegensatz zum Tier, das diese Probleme wahrscheinlich nicht kennt, weil es im sich selbst regelnden Chaos der Natur eingebunden bleibt.

Wenn sich dem Primitiven der Geist des Wassers in der Verwandlung des Wassers zeigt, dann ist die Wirklichkeit des Wassers für ihn das frische Gras, Stiere, Antilopen und ganz allgemein die Fruchtbarkeit und das Wesen der Fruchtbarkeit, das weibliche Prinzip. Schwieriger wird es, wenn nach dem *agens* selbst, nach dem Wesen des Geistes gefragt wird. Der Geist zeigt sich selbst niemals. Er zeigt sich nur in seiner Wirkung und - in seiner Abwesenheit.

Der archaische Mensch erkennt die einzelnen Geschehen in der Zeit nicht naturwissenschaftlich als einen von ihm getrennten Vorgang, sondern als ein Wirken der Geister, dessen Gesetzmäßigkeiten allerdings selbst moderne Naturwissenschaftler bisher nicht schlüssig erklären konnten.

Der archaische Meister, ein Magier, der Bildsprache und Zeichen beherrscht, versucht diese mysteriösen Gesetze des Zufalls intuitiv zu verstehen und in ihrem Zusammenhang imaginär zu erfassen, was nichts anderes bedeutet als sie anzuhalten, indem er sie in Bilder, Symbole und andere Zeichen verwandelt, um sie in ihrem Zusammenhang erkennen zu können, nicht in ihrer Struktur. Er will das Gesetz des Zufalls also nicht aufbrechen, sondern es als solches sehen und erkennen. Da das irrational geschieht, kann ein rational denkender moderner Mensch mit dem Sinn dieser Kultur nur wenig anfangen, was allerdings der Wahrhaftigkeit jener Bildsprachen und Zeichen keinen Abbruch tut, weil es einzig darauf ankam, dass das Bewusstsein der Menschen jener Zeit den Sinn als solchen empfand; und das ist der Grund dafür, dass der Glaube den Menschen innerlich stabilisiert und nicht das Wissen, das zwar Gewissheit schafft, jedoch häufig nicht den Sinn sichtbar machen kann, weil es nicht die Synthese sucht, sondern ihr Gegenteil. Um den Sinn zu finden, muss der Sinnsucher immer ein Mensch mit übernatürlichen spirituellen Kräften sein, Intelligenz zählt da weniger; denn die Welt, in die er eindringen will, ist nicht intelligibel. Sein Weg führt ihn imaginär zum Ursprung des Zufalls, zum Ursprung von Heil und Unheil, zu den noch latenten, ungeborenen Gegensätzen, deren Spiel sich erst noch entwickeln wird, zur Zeit vor jeder denkbaren Zukunft. Divinatorische Zeremonien - also Wahrsagen - werden dabei nicht unbedingt nur zum Versuch diese gerade eben keimende Zeit vorherzusagen, sondern vor allem zur Möglichkeit, die bösen Geister abzuwehren, spirituelle, innere Ausgeglichenheit zu schaffen. Die Sprache des Menschen wird dabei zum Medium, und tatsächlich kann sich der Mensch über Sprache mit den Kräften der Welt arrangieren. Sprachen müssen ja nicht ausschließlich Sprachen der Wörter und Begriffe sein, sie sind eher hinderlich, weil sie zu linear sind, um im Raum des Irrationalen beweglich zu bleiben. Um den metaphysischen Bereich – die antithetischen Wirklichkeiten - zu entdecken, sind besondere Sprachen nötig. Musik, Tanz, Dichtung, bildende Kunst sind metaphysische Sprachen, die in jener Zeit sakrale Sprachen und Zaubersprachen waren.

Zaubern hatte in jener Zeit, als Sprache vor allem die Entdeckung des Geistes war, einen extrem hohen Wert, weil damit das Mysterium des Zufalls, der schicksals- und lebensbestimmend ist, erkannt wurde. Vor allem aber, weil der Meister analog (!) mitmischen konnte - sofern die Geister es zuließen, und manchmal geschah das wirklich -, zum Beispiel, um den Regen zu machen. Der Zauberer nahm durch seine übernatürlichen Fähigkeiten, die im Charisma seiner Person ruhten, den übrigen Menschen die Angst vor dem Ungewissen. So wurde er zum Demiurgen, zum Führer des Volkes; denn er konnte – jedenfalls traute man es ihm zu - auf Heil und Unheil einwirken. Der Zauberer wurde zum religiösen Führer, der durch die Rätsel des Zufalls führte. Mit seiner Zauberkraft dekodierte er das Wirken der Geister, deutete Hintergründe und regelte nach Maßgabe seiner Möglichkeiten. Spätere, transzendente Religionen wie der Islam bezeichnen den Zufall als Willen des Allmächtigen. Das heißt, für den Islam ist der Zufall kein Zufall, er ist ein Zeichen ihres Gottes.

Schamanen, Medizinmänner und weise Frauen stabilisierten durch Zeremonien das Bewusstsein der Menschen. Sie banden sie in das große Weltgeschehen ein und gaben ihnen Hoffnung und Trost, vor allem in ausweglosen Lebenslagen - was gut für das Überleben war. Zauber war also keine Form der Sinnestäuschung, sondern Verknüpfung, Gottesdienst, eine Zeremonie, die Welt und Menschen zusammenführte. Um diesen Zusammenhang jedoch sehen zu können, benötigte man einen festen Punkt, der sich gegen die Flüchtigkeit von Zeit und Geist richtete. Dieser feste Punkt in der unüberschaubaren Wildnis war der Ort der spirituellen Zeichen, der heilige Ort, weil dort die Zeit als bleibend, als unvergänglich empfunden wurde. Deshalb fand an diesem Ort die Versammlung statt. Der Meister setzte seine Zeichen als Sprache an den Geist, verwirklichte sie in seiner Zeremonie und deutete sie gleichzeitig als Antwort des Geistes. Wer dabei war, wurde zum Zeugen des Geistes und gehörte dazu.

Der Zauberer wollte das Mysterium nicht erklären, denn damit hätte er es aufgelöst. Er stellte das Mysterium dar, machte es sichtbar und bewusst erfahrbar. Das war mehr als genug. Er blieb allein der mystisch Wissende, der das Geheimnis gegen das Unheil, die spirituelle Medizin, kannte. So ist die Urmedizin nicht zu allererst eine Medizin der Heilkräuter, sondern eine des Beschwörens, der Musik und vieler Zeremonien.

Die damalige Welt wurde von Tieren beherrscht und so wurden viele numinose Zeichen Tierzeichen. Diese Zeichen transponierte der archaische Mensch in den Kosmos: Sternbilder wurden zu Tierzeichen, Gehörne der Stiere oder Widder zu Zeichen für Lebenskraft und Wiedergeburt. Über diese Zeichen machte er auch die übernatürliche Welt zu seiner Welt. Doch um das wirklich zu schaffen, brauchte er ein wirksames Medium, eine Art spirituelles Raumschiff.

Das älteste Medium dafür ist die Maske. Sie ist Ursprung der Magie, durch sie wird die Kraft des Geistes freigesetzt und gleichzeitig eingefangen, vorausgesetzt, dem Zauberer gelingt es, den Geist aus seiner Imagination heraus in die Maske hineinzulocken. Gelingt das, verwandelt sich die Identität des Menschen, er wird zu einer anderen Person, besessen durch den Geist. Da diese Person jedoch selbst gleichzeitig der Geist ist, kann sie imaginär an vielen Orten zu verschiedenen Zeiten gleichzeitig sein. Alles ist möglich in der Synthese der Gegensätze, im Zauber. Für ihn ist damit auch die gewöhnliche Ordnung der Welt aufgehoben. Doch manchmal entführt ihn der Geist, er verfällt dem Wahnsinn und findet die gewohnte Welt nicht wieder. Das ist sein Risiko. Denn das Zwischenreich - dort, wo wir versuchen den Raum auf der Zeit gleitend zu durchqueren - ist nur dem Wahnsinnigen auf höchster Ebene zugänglich.

Wirklichkeit, Tatsachen, Gegenstand. Wenn ich in bestimmten afrikanischen Ländern in ein Taxi steige und dieses Taxi kurz darauf mit mir darin einen Unfall hat, dann trifft mich unter diesen Umständen mit Sicherheit die Schuld; denn wäre ich nicht zu diesem ganz bestimmten Zeitpunkt in dieses ganz bestimmte Taxi gestiegen, wäre der Fahrer gar nicht erst losgefahren und hätte auch keinen Unfall gehabt. Von den inneren Gesetzen des Zufalls sprachen wir ja bereits, dass jedoch Ursache und Wirkung in anderen Kulturen anders als bei uns gesehen werden, ist vielen von uns selten klar. Ob das nun wirklich einmal so geschehen ist oder ob es sich hier nur um eine Globetrottergeschichte handelt, spielt keine Rolle. Das Beispiel soll nur zeigen, dass Wirklichkeit nicht überall gleich gesehen wird.

Bei Tatsachen ist das anders. Ein Liter Öl ist zwar nicht überall immer genau ein Liter Öl, aber doch annähernd. Deshalb muss ich hier nicht über Tatsachen sprechen, die zwar häufig ganz vorn in unserem Leben stehen, aber letztlich relativ unbedeutend sein können. Anders ist es mit der Wirklichkeit, denn Wirklichkeit wird sinnlich-subjektiv gesehen, empfunden, erlebt und erfahren und sie vereinnahmt die Tatsachen und verwandelt sie oft bis zur Unkenntlichkeit, denn den Menschen geht es darum, ihr Dasein zu fassen und es nicht nur zu fristen.

Um archaische Felsbilder zu verstehen, müssen wir uns mit archaischer Wirklichkeit beschäftigen. Archäologisch erkundete Tatsachen haben sicher einen guten Zweck, sie führen allerdings selten zur Deutung der Inhalte, zum Sinn jener Zeit, zu seinem Geist. Wenn wir etwa wissen, welche Tiere vor wie vielen Jahren in der grünen Sahara gelebt haben, dann wissen wir am Ende, welche Tiere vor wie vielen Jahren in der Sahara gelebt haben. Gab es auch Menschen, können wir vermuten, dass diese Tiere und jene Menschen irgendwie etwas miteinander zu tun hatten. Das alles führt zu Versuchen von Rekonstruktionen historischer Tatsachen, die meist für Nichtfachleute ebenso langweilig wie banal sind. Die Inhalte der Bilder dagegen stehen über den Tatsachen, sie sind metaphysisch und damit letztlich auch nicht historisch, denn der Geist – und um den geht es – lebt in der Zeit fort. Deshalb hilft eine wie auch immer exakte Chronologie oder Auflistung von Tatsachen nicht weiter, wenn es um den Geist, den Sinn und die Wirklichkeit geht.

Wirklichkeiten bestehen zwar unter anderem aus Tatsachen, im Wesentlichen jedoch aus Bewusstsein. Darin ist der Löwe bei den Khoi-/Xam Metapher für die Sonne, die den Tod bringt. Aus diesen Metaphern entsteht Wirklichkeit, sie ist also an Kultur gebunden.

Um Wirklichkeit aus einer anderen Zeit nachvollziehbar zu machen, muss ich die Spuren früherer Sprachen und Zeichen und deren Bedeutungen herausfinden, was - zugegeben - fast unmöglich ist. Denn es ist bekannt und absolut sicher, dass jede Interpretation einer anderen Zeit immer den Geist der eigenen mit einbringt. Für mich war es vorrangig herauszufinden, wie jene Menschen sich selbst und ihre Zeit wahrgenommen haben könnten und *wie* sie gedacht haben könnten - und nicht so sehr, *was*. Es ging um deren Wirklichkeit. So begann also die Suche nach dem Geist.

Fangen wir ganz vorne an: Die Steinzeitler waren unbefangen. Sie kannten keine Ereignisse durch Naturgesetze im Sinne von Ursache und Wirkung. Ihre Wahrnehmung erfasste die Welt bildhaft und sinnlich. Alles, was geschah, erlebten sie als Aktion, als Reaktion und Zeichen von Wesen. Deshalb war für sie die Welt kein Gegenstand. Die Menschen sahen sich, ebenso wie Regen und Tiere, als Teil eines in sich geschlossenen Geschehens, eines ständigen zyklischen Werdens, dessen Gesetze und Mysterien sie versuchten zu reflektieren.

Felsbilder als Zeichen des Geistes jener Menschen sind ikonographische Symbole, zum Teil sicher auch Symbolketten, und kennen ihrerseits keine Trennung zwischen Geist, Dingen und Wesen.

Wenn wir jedoch heute diese Bilder wie Kunst*gegenstände* betrachten, ist das nicht richtig und entspricht nicht dem ursprünglichen Sinn; denn Felsbilder sind keine Gegenstände – auch keine prähistorischen Kunstgegenstände, auch im Nachhinein nicht. Ihre Inhalte sind weder Information noch ästhetische Struktur noch Ersatz für Tatsachen, also auch keine Abbildungen. Sie sind immer und überall und auch im Hier und Jetzt lebendige metaphysische Botschaften, festliegend in Raum und Zeit. So werden sie zu authentischen Zeitinseln, indem sie Zeit im Geist festhalten, als Reflexe einer bestimmten, bewusst erfahrenen Wirklichkeit. Ihre Botschaft ist die Frage und Antwort nach der Einheit des Menschen mit dem Planeten Erde und seiner Zeit.

Geister überlisten. Wir waren unterwegs im Aïr und wollten Felsbilder fotografieren. Es war früh am Morgen, das Licht noch milchig und die Luft angenehm kühl, obwohl man die Ruhe vor dem Sturm der Hitze darin schon ahnen konnte. Mit dem Equipment auf den Schultern liefen Moktar und ich durch den Sand wie andere Leute zu dieser Zeit vom Parkplatz ins Büro. Dabei hatte uns die Stimmung im Tal bereits gut gepackt, denn kaum sahen wir die Felsen, fingen wir an, uns regelrecht anzuschleichen. Wie auf der Jagd, in leicht gebückter Haltung, jedes Geräusch möglichst vermeidend, gingen wir die Bilder an. Wir spielten das natürlich, weil wir ständig irgendwelchen Blödsinn machten, aber irgendwann hatte sich das verselbständigt; einer verstärkte den anderen und schließlich waren die Geister in unseren Köpfen.

Mir war klar, dass die Bilder allein, ohne den Geist, eben nur Kratzer auf Felsen wären; doch wenn der Geist in ihnen wäre, dann könnte es ja durchaus auch sein, dass der Geist uns entdeckte, sich gestört fühlte - und da weiß man nie! Daher die Vorsicht. So kamen wir zu einem großen Felsen mit Geisterbildern und Zauberzeichen, bauten die Kamera sorgfältig auf, stellten ein und - dann waren da wirklich die Geister, völlig unbekümmert! Phantastisch! Das Einzige, was störte, war das Geräusch der auslösenden Pentax. Es gab dabei immer einen derartig lauten Schlag, dass wir jedes Mal zusammenzuckten und kurz den Atem anhielten. Doch die Geister störte das zum Glück nicht. Schließlich war der Film voll, wir bauten ab und schlichen zurück zum Wagen. Wir hatten das Gefühl, die Geister, so gut es eben ging und vielleicht auch gar nicht so schlecht, eingefangen zu haben. Schnell sprangen wir in den Toyota und fuhren los. Kein Blick zurück! Nach einer guten halben Stunde hielten wir an, packten die im Wagen herumliegenden Geräte zusammen und genehmigten uns den ersten Schluck Wasser. Wir hatten es geschafft! Moktar schaute mich an, ich schaute Moktar an. Wir lachten, schlugen uns in die Hände. Die Geister, die doofen, die hatten wir reingelegt!

Mit Moktar hat das alles viel Spaß gemacht, weil er genauso wie ich zwar eigentlich nicht an die Geister glaubte, andererseits unter bestimmten Umständen doch. Das heißt, wir waren eigentlich immer unschlüssig. Hinterher in der Stadt war das alles anders, und dann erzählten wir auch keinem mehr, dass wir Geister fotografiert hätten. Dass die Geister im Rätselhaften zu finden sind, habe ich ja bereits erzählt; hinzu kommt, dass sie auch gerne im Geheimnis, im Verschwiegenen sind. Deshalb sollte man auch nicht zuviel darüber reden.

Immerhin, mein hin und wieder erfolgreicher Umgang mit Geistern und Zufall hatte sich herumgesprochen, und mit der Zeit bekam ich in diesem Metier einen gewissen Ruf. Das ging einmal so weit, dass ich, als ein Auto nicht gleich ansprang, geholt wurde, um den bösen Geist zu vertreiben.

Wahrscheinlich wollte man mich reinlegen. Jedenfalls war das Glückssache, aber ich probierte es einfach. Ich erbat mir absolute Ruhe. Minutenlang. Dann gab ich das Zeichen den Motor zu starten. Die Maschine lief sofort an! Man lachte zwar etwas gequält, sah dann aber zu, dass man möglichst schnell wegkam!

Oft wollten die Tuareg von mir Geschichten hören, die alle mit *à l'époque* anfingen, also von alten Zeiten handelten; denn ich kannte Agadez noch aus der Zeit, „bevor es die Teerstraße gab". Geschickt baute ich dabei bekannte Vorkommnisse aus jener Zeit oder irgendetwas Unerklärliches ein, denn reine Fakten interessieren die Afrikaner nur, wenn es um Geld geht.

Die Geschichte vom Regentier erzähle ich später im Tonfall nach, wie Moktar sie den Tuareg erzählt hat, die wissen wollten, wie man an die Geister herankäme und wie wir das anstellten. Am liebsten hätten sie es natürlich gehabt, wir hätten sprechende Tiere herbeigezaubert, ein fetter Hammel hätte aber auch genügt.

Dazu muss man wissen, dass die Tuareg keine Romantiker sind, sondern knallharte Pragmatiker, die vom Leben nicht gerade verwöhnt werden und deshalb auch nicht so leicht abheben. Ich sprach einmal mit Ahmed über Zufälle und über *on sait jamais* und solche Sachen. Ahmed schaute mich kurz an und sagte: „Also, das funktioniert, wenn man dran glaubt; glaubt man nicht daran, funktioniert es nicht."

Wenn die Tuareg selbst Geschichten erzählen, sollten wir nicht hoffen, von 1001 Nacht zu hören. Wir kennen Geschichten aus dem Orient oder aus Afrika fast ausschließlich aus Büchern, in denen diese Geschichten für ungeduldige Europäer umgeschrieben wurden. In Wirklichkeit wurden sie ja ursprünglich laut erzählt, oft mit längeren Pausen, oder man hörte mittendrin auf, weil die Leute sich aufs Essen konzentrieren wollten. Irgendwann wurde weitererzählt oder auch nicht. Diese Unterbrechungen und Pausen sind deshalb nicht als Absätze oder neue Kapitel zu verstehen. Da greift der Raum in die Zeit. Spannung wird aufgebaut, klingt aus und scheinbar Nebensächliches bekommt eine ganz bestimmte Färbung und verändert dadurch die ganze Geschichte. Und alles geschieht immer in Echtzeit. Dabei wird Tee gekocht, im Feuer gestochert, nach den Tieren gesehen oder etwas am Auto gebastelt; doch jeder hört genau zu, denn diese Geschichten sind immer Wirklichkeit.

Die gewöhnlichen Geschichten handeln jedoch vorwiegend von praktischen Dingen oder sind häufig Klatsch und Tratsch, bei dem es um Geschäfte, um Geld, um Autoersatzteile, Schmuggeltouren und um das Königsthema Hochzeit geht. Da wird zum Beispiel erzählt, dass der Bräutigam in Libyen ein Kilo reines Gold, einen Mercedes und ein Haus für die Braut bezahlen muss. Die Libyer seien eben unermesslich reich. Nun, es muss auch Reiche geben. Gott hat es so gewollt. Aber dass Frauen so teuer sein können! Da sieht man mal, die Araber!

Ein weiterer Mittelpunkt des Interesses ist von magisch-technischer Art. Wenn ich etwa von LKWs erzählte und dabei das Wort „Märrßßedess" sehr langsam aussprach und dabei die Zischlaute betont dehnte, waren mir extrem gespannte Zuhörer sicher. Mercedes ist der Gott aller LKWs, ein unbesiegbares technisches Tier, mehr noch: ein Wesen. Niemals würden wir diesen 6-Rad-getriebenen Baustellenkipper mit der runden Haube aus den Siebzigern einen Mythos nennen; aber wir würden ihn ganz sicher Mythos nennen, wenn er für uns das wäre, was er für die Leute in Agadez ist: Er ist das, was in der Steinzeit der Regen war; durch ihn überleben Familien, ganze Clans. Wenn ich also diesen Namen fallen ließ, ging ein Raunen durch die Runde, einige schlugen die Augen nieder, andere blickten verklärt wie nach einem ekstatischen Traum gen Himmel. Man sah den Dreiachser vor sich, massig, geballte Energie, dem Elefanten ebenbürtig. Und dann spricht man von seiner Zauberkraft! Es wird erzählt, dass ein Fahrer, der sich einmal im Ténéré mit einem 2624 hoffnungslos verirrt hatte, einfach eine Weile das Lenkrad losließ; der Geist des Mercedes fand ganz allein zur lebensrettenden Piste zurück. Einige Hundert Migranten oben auf der Ladung könnten das bestätigen!

Tezirzait.

A l'époque, erzählt Moktar, als die Geister noch sehr mächtig waren, da gab es viele geheime Verbindungen zwischen Tieren, Menschen und vor allem mit dem Geist des Regens, denn ohne Regen ist kein Leben möglich. *Aman iman.* Nur die großen Zauberer konnten den Geist des Regens finden und ihn fangen. Heute gehen die Marabouts in die Wüste, um Gott um Regen zu bitten; denn heute wissen wir, dass Gott den Regen schickt. Nun, der Regen, der war schon damals das große Problem. In jener Zeit waren aber auch die Tiere sehr mächtig, weil der Geist des Regens sich oft in Tiere verwandelte. Nun ja, das war eine Zeit, die ist schon lange vergangen, aber die Geister, das wissen wir, sind heute noch da.

A l'époque, da gab es noch keine Städte wie Agadez und Djanet, auch Assodé gab es noch nicht. Alle Menschen kannten sich, denn es gab nicht sehr viele. Alle waren eine Familie. Es gab Menschen, die wie unsere *sorciers* waren, aber viel mächtiger. Die fragten dann die Geister, wenn es lange nicht geregnet hatte: „Warum", so fragten sie die Geister, „helft ihr den Tieren und zeigt ihnen Wasser, warum helft ihr nicht auch uns, den Menschen, und schickt uns Regen?" Die Geister antworteten jedoch niemals in der Sprache der Menschen, weil Geister eine eigene Sprache hatten, die von den normalen Menschen nicht verstanden wurde. Nur die Regenmacher verstanden die Sprache der Geister; aber das, was da gesprochen wurde, verrieten die Zauberer den anderen Menschen nicht, denn die Sprache zwischen Mensch und Geist war ein Geheimnis.

Um zu zaubern, ging der *sorcier* in eine Höhle oder zu einem großen Stein und setzte dort dem Geist ein Zeichen. Diese Zeichen sind hier noch zu sehen. Das alles sind Zauberzeichen. Es ist zwar nicht gefährlich, sich ihnen zu nähern, aber man sollte doch vorsichtig sein. *On sait jamais!* Wenn der Geist also dieses Zeichen erkannte, war alles gut, und er half den Menschen. Zeigte er sich nicht, war alles vergebens, und die Menschen mussten sterben, weil es keinen Regen gab.

Aber wie konnte der Zauberer wissen, dass der Geist sein Zeichen erkannte? Nun, das war sein Geheimnis. Auch das Geheimnis der Bilder und Zeichen kennt heute niemand, weil die, die diese Zeichen einmal verstanden, schon lange tot sind. Und niemand hat die Geister gesehen. Aber das letzte Mal, da haben wir gespürt, dass sie uns gesehen haben! So ist das. Ich war dabei. Es war wirklich so. In den Bildern an den Felsen kann man sie sehen. Aber nur an bestimmten Tagen und zu bestimmten Zeiten. Dann bewegen sich Bilder; nur ganz wenig, aber sie bewegen sich.

Ihr kennt alle Tezirzait. Auf den Felsen über dem Brunnen, den es schon immer gibt, sind Zauberbilder. Der Grund ist einfach. Wenn die Geister sich selbst auf den Bildern sehen, werden sie neugierig und schauen nach, wer das

Aïr Gebirge. Tezirzait. Geisterstein oberhalb des Brunnens.

sein könnte. Und dann erkennen sie sich selbst! Doch was hat das alles mit dem Regen zu tun? Ich will es euch sagen. Die Geister sind die Herren des Regens, denn einige von ihnen - welche, das wissen wir nicht - können sich in Regen verwandeln. Sie können überhaupt vieles, was Menschen niemals können, denn sie leben in einer anderen Welt.

Die wilden Tiere sind ihre Freunde, denn die Geister lassen die wilden Tiere niemals verdursten. Sie lassen nur die Tiere verdursten, die Sklaven der Menschen geworden sind. Die wilden Tiere wie das *oudad* und viele andere verdursten oder verhungern nie. Es kann jahrelang nicht geregnet haben. Das *oudad* wird niemals vor Hunger oder Durst sterben. Oder habt ihr schon einmal ein *oudad* verdurstet in der Wüste gefunden? Ihr habt es nicht. Es ist ein heiliges Tier, denn die Geister lieben das *oudad*. Deshalb zeigen sie ihm Wasser, und selbst wenn es nirgendwo Wasser geben sollte, zaubern die Geister dem *oudad* Wasser und es kann davon trinken, als wenn es richtiges Wasser wäre, aber kein Mensch kann von diesem Wasser trinken, denn es ist Zauberwasser und nur für das *oudad* ist es richtiges Wasser. Doch wenn nun ein Mensch ein *oudad* trinken sieht und er läuft schnell hin, dann wird er sehen, es ist kein Wasser da, alles ist trocken. Deshalb ist es gefährlich das *oudad* zu jagen, weil die Geister es nicht gern haben, dass ihr Freund von Menschen verfolgt wird, vor allem nicht im Gebirge.

Nun sehen also die Geister Bilder an den Felsen, in denen sie sich selbst oder ihre Lieblingstiere wiedererkennen. Sie freuen sich und sagen, das ist ein schöner Platz, es fehlen nur noch unsere Freunde, die Tiere, und wir könnten ein großes TamTam machen. Aber die Tiere wollen trinken. So lassen die Geister es regnen, dann kommen auch die Tiere und es gibt ein großes TamTam, weil es Wasser gibt. Und manchmal bleibt dann auch etwas davon für die Menschen übrig. Und so gibt es die Geisterbilder über dem Brunnen Tezirzait. Dieser Brunnen hat Wasser, weil die Geister den Brunnen beschützen. So ist das.

Der Regenmacher hat den Geistern mit den Bildern also eine Falle gestellt. Die Geister sind jetzt in ihren eigenen Bildern gefangen und geben dem Brunnen dadurch immer Wasser. Der Zauberer ist damals schnell wieder verschwunden, weil er die Geister fürchtet. Es kann jedoch sein, dass er immer noch hier in der Nähe ist, mit seinem Geist. *On sait jamais!* Mit den Zauberern ist das so eine Sache. Aber der Brunnen, der ist heute noch an seinem Platz.

Von allem, was einmal geschah, gibt es Spuren auf der Erde, auch unsichtbare. Die alten Zauberer konnten selbst die unsichtbaren Spuren erkennen und deshalb auch spüren, wo die Geister zu finden waren. Und so konnten sie herausfinden, wie der Regen entsteht und wo er entsteht. Nun, vor sehr langer Zeit, als die Ahnen noch lebten und es in der Wüste Antilopen, Löwen, Elefanten und Krokodile gab, lebten auch im Aïr mächtige Regenzauberer. Wenn es lange Zeit trocken war, suchten sie den Geist, der den Regen erschaffen konnte. Das war gefährlich, denn der Geist des Regens war ein starker Geist. Die großen Zauberer waren Menschen, die sich durch ihre Zeichen in Geister verwandeln konnten, manchmal auch in Tiere, und so kamen sie in das Land der Geister, wo alles entsteht. Und einige von ihnen fanden heraus, wie der Geist des Wassers zu Regen wurde.

Ihr müsst euch das so vorstellen: Der Geist des Regens muss viel Wasser mit sich herumschleppen, deshalb sieht er aus wie eine riesige *girba*. Nun war er ja einige Zeit auch ein Tier, weil der Geist gern auch im Tier war. Sein Lieblingstier, das war die Antilope. Der Regenmacher fand nun heraus, dass der Geist des Regens sich in eine Antilope verwandelt hatte, und diese Antilope war groß und dick, sie war wie eine große *girba*. Nun konnte sich der Regenzauberer aber auch in den Regengeist und in Wolken verwandeln, und dann schüttete er den Regen über das Land. Als dann Gras wuchs, verwandelte er sich in Antilopen, und niemand merkte, dass diese Antilopen ursprünglich der Regengeist selbst gewesen waren. Nur der Zauberer wusste das.

Dieser Regenzauberer war also wie ein Jäger, doch er jagte nicht die Tiere, er jagte den Geist, der das Wasser bringt. Er jagte niemals die Tiere, denn dann hätte er den Geist verärgert, vielleicht hätte ihn der Geist auch anschließend getötet. Man weiß ja nie. Der Regenzauberer fing den Geist ein, indem er das Regentier malte; dann tanzte er so lange davor, bis der Geist darin neugierig wurde. Und wenn er den Regenzauberer dann erblickte, wie der da tanzte und schrie, erschrak der Geist. Dadurch platzte das Regentier. Dann regnete es. So jagte der Regenzauberer den Regen.

Im April 2001 war ich bei den Bildern von Tezirzait. Das waren naiv gemalte menschliche Figuren mit großen Köpfen, die mich nicht weiter beunruhigten. Aber auf einem Felsen direkt über dem Tal gab es ein Bild mit einem sehr herrischen Geist, der es gar nicht gern sah, dass ich hier herumstieg. Beim Fotografieren wäre ich fast fünfzig Meter tief ins Tal gestürzt. Am Nachmittag saß ich im Schatten von riesigen Bäumen und fing das Lächeln einer Hirtin ein.

Tassili. Sefar. Regenmacher mit Maske. Größe der Figur in der Mitte ca. 2,5 m.

Tassili. Sefar. Regenmacher und Demiurg.

Tassili. Jabbaren. Tanzender Regenmacher maskiert.

Tassili. Tamrit.

Tassili.
Schlucht
von Aroum.

Tassili. Tamrit.

Tassili. Tamrit.

Tassili. Sefar.

Tassili. Sefar.

Tassili. Sefar.

Regentier & Regentier. 1998 war ich in den Tassili, um Felsbilder zu fotografieren. Zur Sicherheit ließ ich kaum eines aus, genoss die Wildnis, das Licht, das einfache Leben mit den Tuareg. Hinterher stand ich jedoch vor einer Art Chaosforschung. Die Bilder in nachvollziehbare Zusammenhänge zu bringen, ihren Zauber sichtbar zu machen, erschien mir unmöglich. Ich ließ die Fotos hoch oben im Regal und fuhr wenig später nach Namibia.

Nun gibt es auch dort Felsbilder, die stilistisch und maltechnisch denen der Sahara sehr ähnlich sind. Bei den Recherchen dazu las ich mich bei Wilhelm Bleek ein, der Ende des 19. Jahrhunderts zusammen mit seiner Schwägerin Lucy Lloyd in Südafrika Mythen der Khoi-/Xam mit allen sprachlichen Eigenheiten dokumentiert hatte.

Unter den rund 6000 Sprachen der Welt haben nur die Khoi-/Xam Sprachen die Besonderheit, mit Klick- und Schnalzlauten am Anfang von Wörtern die Bedeutung festzulegen. Ein Weißer, der damit nicht von Kindheit an aufwächst, lernt das nie. Wilhelm Bleek und Lucy Lloyd füllten sage und schreibe 138 Notizbücher mit insgesamt 12.000 Seiten. Damit wahrscheinlich noch nicht richtig ausgelastet, kopierten sie auch südafrikanische Felsbilder. Eines davon nannte Wilhelm Bleek „Totengeister und Regentier" (aus „Rock paintings in South Afrika", Bild 58). Als ich später meine Fotos aus den Tassili auf dem Leuchttisch untersuchte, fand ich zu dem Regentier aus den „Rock paintings" ein fast identisches aus der „Rundkopf-Zeit" der Tassili-Malerei.

Jetzt wurde es spannend. Denn Wilhelm Bleek und Lucy Lloyd hatten nicht nur das Bild „Totengeister und Regentier" kopiert, sie hatten auch Mythen und Geschichten dazu, mit denen man das Bild deuten konnte, vorausgesetzt, man fand den Einstieg in den Hintergrund. Bleeks „Totengeister" konnten dieser Einstieg sein, ein Schlüssel zu einem anderen Raum im selben Haus.

Jetzt machte ich mich daran, beide Bilder miteinander zu vergleichen. Dass ich hier vor übereinstimmenden Vorstellungen und Weltbildern stand, war zu erklären: In jener archaischen Zeit veränderten sich Weltbilder über Jahrtausende hinweg nicht. Was jedoch ausschlaggebend war und den eigentlichen Schlüssel zum Regentier lieferte, war die Tatsache, dass Wilhelm Bleek und Lucy Lloyd die passende Literatur dazu gesammelt hatten; denn die steinzeitliche Buschmannkultur hat absolut authentisch bis in unsere Zeit überlebt. Wissenschaftler stellten kürzlich fest, dass die Khoi-/Xam Sprachen die ältesten der Welt seien. Eine weiter zurückliegende lebendige Kultur gab es nicht.

Um das Bild vom Tassili-Regentier zu deuten, übertrug ich sinngemäß das, was bereits durch Wilhelm Bleek und Lucy Lloyd bekannt war. Ich ging dabei einen kleineren Umweg, um an den gleichen Hintergrund heranzukommen. Das heißt, ich beschäftigte mich zuerst mit dem Weltbild jener Zeit und dann mit dem Bildgeschehen. Die Frage war: Wie haben die Menschen Raum und

Zeit erfahren? Kultur umfasste in jener frühen Zeit des *homo sapiens* alle Bereiche seines Lebens. Eine Teilung zwischen profan und sakral, zwischen relativ und exemplarisch gab es nicht. Die wichtigste Figur, die das Weltbild jener Zeit erschuf und auch darstellte, war der Regenmacher. Ein Schamane, Zauberer, ein Verknüpfer also, eine Verbindung aus Künstler und Priester - nach heutiger Vorstellung.

Nach den Mythen der Khoi-/Xam ist der Regenmacher ein Ur-Zauberer, ein Mystagoge, jemand, der als Retter erscheint, weil er den Regen machen kann. Tatsächlich hat er den Regen sicher nicht gegen atmosphärische Bedingungen machen können; vielmehr ist er derjenige gewesen, der die Menschen - über Zeichen und Symbole - mit der Welt verknüpfen konnte, und allein dadurch wurde ihm zugetraut, das Unmögliche, selbst den Regen machen zu können. Und sicher wird er in schlimmen Zeiten mehr oder weniger erfolgreiche Versuche gemacht haben. Er war jedoch kein Physiker. Im Gegenteil, er hat den Menschen eine geistige Orientierung verschafft; er war Metaphysiker. Deshalb ist er, durch seine übernatürlichen Fähigkeiten der Wahrnehmung, im Mythos und in der Vorstellung der anderen Menschen zwar Mensch, aber auch Emissär des höheren Wesens; hoch geachtet, jedoch wegen dieser Macht auch gefürchtet.

Ein Khoi-/Xam erzählt den Mythos von //Kunn, einem Zauberer und Regenmacher: „Dieser //Kunn war in der Lage, die Haare des Regens zu machen, und so konnte er einen sanften Regen machen, er war fähig, die Beine des Regens zu erschaffen, die in Säulen auf die Erde fielen, er konnte die Wolken zusammentreiben und den Regen umlenken, wohin auch immer. Dieser //Kunn konnte deshalb das Regentier fangen, es töten und dadurch dessen Blut in Regen verwandeln."

Regen und Blut sind hier mythisch ein- und dieselbe Sache. Man sagt, Blut beschwichtigt die Geister (Makilam). Im Opfer ist Blut heilig, weil der Geist, der im Blut gesehen wird, dabei frei wird. Die Fähigkeit das alles miteinander zu verbinden, zu einem Bild zu formen und zu ritualisieren macht den Regenmacher aus. Damit wird er zum festen spirituellen Punkt.

Um diese wichtigen Verbindungen ging es den Menschen schon immer, wenn nach dem Ursprung, nach der Kraft, die das Leben bewirkt, gefragt wurde. Plutarch sagte, der Mensch sei aus Erde gemacht, aber die Kraft, die einen menschlichen Körper wachsen ließe, sei der Mond, der auch die Quelle des Menstruationsblutes sei. In vielen primitiven Gesellschaften formen Frauen heute noch Fruchtbarkeitspuppen, die sie mit Menstruationsblut oder rotem Ocker bemalen. Im Blut wird der Geist des Lebens gesehen.

In paläolithischen Matriarchaten spielte das Blut eine wichtige Rolle, denn

über das gemeinsame Blut bildete sich die Blutsverwandtschaft, der Stamm, die ursprüngliche Gemeinschaft, die gewachsene Erde.
Worum ging es denn? Kein Tier macht diesen Aufwand mit der Kultur wie der Mensch. Es liegt am reflektierenden Denken, an dieser besonderen Art der Wahrnehmung, die der Mensch über den Instinkt hinaus hat. Deshalb findet er sich nicht von selbst auf der Welt zurecht und weiß auch nicht, wer er eigentlich ist. Er sieht sich selbst als Frage! Er muss – um sich nicht auf der Welt zu verirren - etwas tun, um sich wieder mit ihr zu verbinden, weil er die Nähe, das fraglose Sein in der Natur durch die Distanz aus dem reflektierenden Denken verloren hat. Das allein ist der Sinn von Kultur. Und je nach Wirklichkeitserfahrung und Kulturstufe werden Menschen unterschiedlich dabei vorgehen.

Der Regenmacher, der mit seinen übernatürlichen Kräften die Verbindungen, Verhältnisse und Ursprünge erkannte, sorgte für Orientierung, indem er diese Distanz aufhob. Er war als spirituelles Medium ein Dritter, Brücke zwischen Welt und Geist und im Leben so etwas wie ein Kapitän.

Die Menschen, die wir pauschal „Buschmänner" nennen, gehören zur Khoi-/Xam Gruppe, der ältesten in unserer Zeit noch verbliebenen menschlichen Rasse Afrikas. Von ihren Vorfahren stammt vermutlich ein großer Teil der Felsbilder Afrikas.

Im Vorwort zu „Bushmen Folklore" von W.H.I. Bleek (erschienen 1911 in London) wird durch McCall Theal „unter Berufung auf die damaligen wissenschaftlichen Autoritäten wie Dr. Georg Schweinfurth, Dr. Wilhelm Junker, Henry M. Stanley, Herrmann von Wissmann, Major Gaetano Casati, Captain Guy Burrows" Folgendes festgestellt: „Die Buschleute waren Mitglieder einer Abteilung der menschlichen Spezie, die seinerzeit wahrscheinlich im gesamten, beziehungsweise nahezu auf dem gesamten afrikanischen Kontinent lebte. Es scheint, dass sie entweder völlig oder fast völlig aufgerieben und teilweise durch robustere Rassen absorbiert wurden, die vom Norden her auf sie Druck ausübten. Sie konnten jedoch in Nischen Fuß fassen, wo sie auf ihre Art und Weise überlebten, und zwar als ein ganz eigenes Volk, das aus dem gesamten Norden Afrikas und aus Zentral-Afrika bereits verschwunden war, bevor der weiße Mann in Afrika auftauchte."

Wenn nun die Vorfahren der Khoi-/Xam ursprünglich einmal in Afrika anzutreffen waren, dann könnten sie durchaus auch in der Zentral-Sahara gewesen sein und dort ihre Bilder auf Felsen gemalt haben. Die Ärztin Hilde Gauthier-Pilters traf in Algerien 1960 auf Haratin, „deren ursprüngliche Herkunft unbekannt ist, viele von ihnen haben eine oft hellere Hautfarbe, ja sogar mongolische Gesichtszüge."

Die ersten Bilder- und Zeichensprachen dienten dem gegenseitigen Erkennen, die Lautsprachen dem Erkennen der Mutter. Sie waren Gegenzauber auf Rätsel und Bedrohung der Natur. In der Tat nimmt der Mensch durch seine Sprache dem Fremdartigen die Bedrohlichkeit, indem er es benennt, ihm seine Namen gibt. So entsteht Orientierung durch Zeichen und Sprache. Bei den frühen Menschen, den Primitiven, war dieser Vorgang nicht wesentlich anders als in westlichen Zivilisationen. Das ist es, was New Yorker mit Steinzeitmenschen verbindet: Kultur.

Der Regen. Wasser ist Leben. Deshalb „klingt das Herz des Zauberers wie Regen", sagt Piä/Kwain. Und wenn der Regenmacher in spiritueller Metamorphose das Regentier tötet, dann verwandelt er dessen Blut mythisch in Regen, dann in Gras, schließlich in Tiere. Es wird große Jagd geben. Der Zyklus ist geschlossen und beginnt in diesem Augenblick von neuem. Das Leben geht weiter.

Für die Menschen jener Zeit war die Natur in ihrer Größe und Dynamik ein realer Alptraum, der sie wie ein doppelter Schatten aus Schicksal und Tod verfolgte. Sie standen ständig vor der Alternative, entweder zu verhungern oder zur Beute wilder Tiere zu werden. Auswege daraus zu suchen beflügelte natürlich die Phantasie, die bekanntlich in derartigen Situationen neben Beharrlichkeit häufig zu Lösungen führt.

Die Khoi-/Xam konnten allerdings in diesen extrem ungünstigen Situationen nicht einfach abwarten oder auf günstige Umstände hoffen, sie mussten sich in das Regelwerk der Natur einflechten, um vom Geist, der alles bestimmte, akzeptiert zu werden. Sie mussten sich mit dem Geist gut stellen. Doch dazu brauchten sie eine spirituelle Plattform, ein Medium. Dieses Medium war der Zauberer, der Medizinmann, der Meister der Geheimnisse, der dritte Mann, jemand, der die Verbindung mit dem Geist aufnahm.

Der Regenmacher ist damit wie ein Botschafter zu sehen, der beim Übernatürlichen akkreditiert ist. Er tötet das Regentier zwar nur imaginär, aber im Mythos tötet er es wirklich und dazu muss er die Gesetze beachten, die der Geist vorgibt, so als wenn er es tatsächlich töten würde. Er muss deshalb Rücksprache mit dem Geist halten. Praktisch bedeutet das, er muss einen Gegenzauber bewirken. Dazu versetzt er sich in den Zyklus selbst: Er geht zum Geist des Regens, indem er sich selbst in das Regentier verwandelt. Tötet er nun das Regentier, tötet er sich imaginär selbst! Er wird zum imaginären Opfer an den Geist. Er hat sich nun zwar aufgelöst, doch dadurch in Regen verwandelt. Und jetzt werden Geist, Zauberer und Regen mythisch zu einem einzigen Geschehen in einem Geist. Der Zusammenhang ist geschaffen. Der Zauberer müsste jetzt eigentlich tot sein. Doch da er ein Zauberer ist, lebt er in seinem Zauber fort. Und das sind der Regen und seine Folgen. Regen erschafft neues Leben und damit auch die Wiedergeburt des Zauberers. Der Zyklus beginnt von neuem, und so ist der Zauberer, der Regenmacher, spirituell unsterblich.

Regen wird in ariden Gebieten immer als Zeichen einer numinosen Macht gesehen und dem Regenmacher geht es um die Verbundenheit mit dieser numinosen Macht, um damit das Leben seiner Leute zu retten. Es geht damit um das Weiterleben auf der Erde, nicht im Himmel - noch nicht! Der Regenmacher wird dadurch zum Demiurgen, denn er schafft nicht nur die Verbindung mit dem Mysterium von Leben und Welt, die Synthese der Gegensätze, sondern verbindet darüber hinaus die Menschen in einem Geist, in einer Sprache, was nicht weniger schwierig ist. Er ist in der Lage mit dem Geist zu sprechen und auch zu verstehen, was der Geist ihm sagt, deshalb spricht er „in Zungen", in einer mythischen Poesie, in einer hybriden Zaubersprache. Diese besondere Sprache enthält gleichzeitig seine Frage und die gesprochene Antwort des Geistes, darin besteht ihr Zauber. Deshalb ist sie für Uneingeweihte unverständlich. Der Zauberer der Khoi-/Xam spricht: „!gaunu war früher ein großer Stern, deshalb ist sein Name !gaunu, weil er es war, der den Sternen ihre Namen gegeben hat." Mit diesem scheinbar einfachen Satz verbindet der Regenmacher sich spirituell mit Sternen und Kosmos, denn in diesem Augenblick ist in der mythischen Verwandlung er selbst !gaunu.

Der Zauberer ist also ein archaischer Dichter, der Menschen und Welt über seine Imagination reflektiert und dabei das Wesen des Ursprungs vor dem Hintergrund seiner Zeit erkennt. Seine Sprachen und Bilder spiegeln in eindeutiger Subjektivität Ursprung und Zeit, den Geist des Wassers, der Zeit und Leben beherrscht. Regenmacher, Zauberer, Verknüpfer sind verschiedene Namen für ein- und denselben Menschen, der die Symbole des Ursprungs erschafft und damit den Menschen in den Geist der Welt einbindet und ihnen Sinn vermittelt. Dazu bezeichnet er Opferstätten, wo diese Verbindung immer wieder bestätigt wird. Dieser Ort ist heilig, weil er beständig ist, deshalb wird er zur exemplarischen Mitte, aus der heraus das Bewusstsein des Einzelnen und schließlich des Volkes stabilisiert wird. Der Mensch erkennt sich und seinen Weg durch die ozeanische Zeit.

Für andere Menschen wird der Demiurg schließlich zum Kulturheros und Heiland, denn ganz konkret ist er ja selbst dieser Punkt, er selbst ist der Mittelpunkt, immer und überall. Deshalb sind von ihm aus Erde, Kosmos, Zeit und die Menschen in der Waage. So geht von ihm die Orientierung aus.

Der Demiurg ist jedoch Mensch und als Mensch ist er sterblich wie alle anderen auch. Er kann allerdings durch seine besondere Fähigkeit, den Geist zu verwirklichen, den Geist in seiner Zeit festhalten. Dadurch wird er über die von ihm geschaffene Wirklichkeit unsterblich. Andererseits wirkt er durch diese Fähigkeit auf die anderen Menschen unheimlich. Er hat – als Meister des Schicksals - dessen Charakter: Er wird als zwiespältig, vage, unverlässlich, ja bedrohlich empfunden. Er wohnt nicht mit den anderen.

Der Demiurg setzt jedoch nicht nur Zeichen, er entdeckt sie auch. Das wichtigste dieser Zeichen ist der Mond, der direkt auf die Erde einwirkt. Der Mond ist Reflex kosmischer Zeit, der Erde nahe genug, um guter Nachbar zu sein, und auch weit genug entfernt, um gegen den Einbruch des Grenzenlosen zu schützen.

Vergleiche. Ich hatte also zwei offensichtlich inhaltlich identische Bilder und für das eine durch die Aufzeichnungen von Wilhelm Bleek und Lucy Lloyd einen gesicherten Hintergrund. Analog damit auch für das andere? Wir werden sehen.

Auf früheren Expeditionen war mir das Regentierbild aus den Tassili nicht weiter aufgefallen und auch in bisherigen Veröffentlichungen konnte ich es nicht entdecken. Es sieht ja auch nicht besonders spektakulär aus. Da sind Maskentänzer. Sie tragen Tiermasken. Worauf es jedoch vor allem ankommt, ist dieses längliche, etwas unförmige Gebilde, diese seltsame Mischung aus Tier und *girba*, dem Wassersack, wie er bei Nomaden gebräuchlich ist. Das hier ist also keine Darstellung eines gewöhnlichen Lebewesens. Folglich kann es nur ein imaginäres Wesen sein. Dabei stellt sich die Frage: Ist dieses imaginäre Wesen männlich oder weiblich? In den Mythen der Khoi-/Xam wird das festgelegt. Darin wird immer vom Regen*stier*gesprochen. In archaischen Weltbildern ist die Erde weiblich, der Regen männlich.

Bleek nennt die tanzenden Gestalten mit Tiermasken „Totengeister". Beim Bild aus den Tassili sieht man „rundköpfige" Tänzer und solche mit Tiermasken um das Tierwesen herumtanzen. Tanz ist in archaischen Kulturen immer sakral! Was hier geschieht, ist folglich eine Zeremonie, Zauber, magische Verwandlung! Über die Tiermasken verwandeln sich die Tänzer in Hybridwesen. Imaginär und über die Ekstase geraten sie in eine Zeit und Welt, die zwischen der des Menschen und der Tiere liegt. Das ist wichtig, denn nach archaischer Spiritualität befinden sich alle Wesen des Ursprungs in der Unterwelt. Sie sind teils menschlich, teils tierisch, teils verkörpern sie aber auch Wesen und Geist der Elemente. Dazu gehören die noch Ungeborenen ebenso wie die Ahnen. Die ganze Szenerie ist deshalb nichts anderes als der Auftritt von tanzenden Medizinmännern. Die von Bleek genannten „Totengeister" sind also mit Sicherheit die Ahnen, die in animistischen Religionen über den Zufall herrschen, folglich auch über Ort und Zeit des Regens.

Für die Zeremonie ist der Tanz wichtig, weil nur so die metaphysische Welt wahrgenommen werden kann. Im Grunde ist das, was hier auf diesen Bildern nur mehr als Spur erkennbar wird, ein archaisches Tanztheater, bei dem die Akteure tatsächlich in Ekstase geraten und das nicht nur spielen! Denn nur über diesen Weg kann der Geist über die tanzenden Medizinmänner kommen, sich mit ihnen verbinden und damit die eine Welt mit der anderen. Die an sich unsichtbare Zeit wird dabei verwirklicht und macht die Tänzer „von Sinnen", zerrt sie in einen anderen Raum der Zeit, entführt sie, um ihnen den Ursprung zu zeigen.

In beiden Bildern werden die Tänzer schließlich selbst zu Zaubergeistern, denn nur in diesem Zustand können sie an den Geist des Regentiers herankommen und das mythische Wasser in Regen verwandeln.

Doch da ist noch etwas auf dem Tassili-Bild, das nicht üblich ist: Die tanzenden Gestalten haben Brüste und Phalli und dazu noch Tierköpfe! Wenn das die Geister sind, dann sind diese Geister nicht nur zweigeschlechtlich! Es sind obendrein Mischwesen aus Mensch und Tier. Seltsam? Eigentlich nicht, denn das alles entspricht dem primitiven Weltbild, nach dem das Hybride ein Urgemenge ist, aus dem schließlich alles Reale entsteht, um nach Ablauf seiner Zeit wieder zu Urgemenge zu werden.

Umrisszeichnung des „Regentiers" aus dem Tassili.

„Regentier mit Zaubergeistern" aus Südafrika,
dokumentiert von Wilhelm Bleek und Lucy Lloyd.

„Regentier aus den Tassili".
Dppelseite 78/79.

Der große Regenmacher aus den Tassili. Sefar.

Das Meisterwerk der Bilder auf dem Tassili-Plateau ist das große Fresko von Sefar. Es zeigt den tanzenden Regenmacher vor einer Szenerie, in der die gesamte Spiritualität des ausgehenden Paläolithikums versammelt ist. Die Malerei, der Bildaufbau, der Ort, der an eine geöffnete Riesenmuschel erinnert - alles wirkt hier genial zusammen.

Sefar erreicht man von Djanet aus zu Fuß in knapp zwei Tagen. Zuvor hat man bereits Schluchten, Steilhänge und Ebenen durchquert, die jenseits unserer bekannten Galaxien nicht viel anders sein könnten. Der Weg dahin ist nicht leicht. Doch dann ist man an einem der bedeutendsten Orte der magisch-mythischen Tassili-Malereien.

Das Bildgeschehen um die zentrale Gestalt mit Tiermaske ist symmetrisch angeordnet. Die Gestalt des Regenmachers beherrscht dabei nicht nur die gesamte Szenerie, mehr, er verwirklicht sie, er wird ihr fester Punkt. Der Regenmacher ist der archaische Heilsbringer, er beschwört den Regen und nimmt den Menschen die Existenzangst; Menschen glauben und folgen immer dem, der ihnen die Angst nimmt und Orientierung gibt. So wird er zum Demiurgen.

Und er tanzt! Das linke Bein angewinkelt, die Arme erhoben. So tanzt man noch heute in Afrika und beschwört damit die Geister. Dass diese Figur der Regenmacher sein muss, erkennt man an der Wolke, die auf der Höhe seiner Lenden abregnet. Um den Regen darzustellen, hat man der Wolke „Haare" gezeichnet. Diese Wolke wird damit zum Schlüssel: Regen bedeutet Fruchtbarkeit, in den Lenden liegt die Fruchtbarkeit des Menschen. Das Bild zeigt also einen Regen- und Fruchtbarkeitskult.

Der Regenzauberer tanzt maskiert zwischen den Welten, er wird zum Medium, das zwischen dem Numinosen und den Menschen vermittelt. Er kann sich – durch den Zauber aus seiner Imagination - in den Geist des Regens verwandeln und sich mit ihm verbinden. So wird er magisch-mythisch selbst zum Geist des Regens, analog zum Symbol der Fruchtbarkeit, und d[illegible] zum zentralen festen Punkt der Gemeinschaft, er vermittelt dadurch Vertrauen und Glauben.

Doch zuvor muss er den Geist, der das alles bewirkt, erschaffen. Das geschieht im Ritual. In Sprache und Gesang offenbart sich der Geist, im Tanz verwirklicht er sich. Das Bild hier hat das Ritual in der Zeit festgehalten, und damit den Geist.

Der Regenmacher als Verknüpfer und Zauberer führt den Geistern hier seine Welt vor, er breitet sie imaginär vor ihnen aus: Auf dem Bild tanzen Frauen, die Arme ekstatisch hochgeworfen, Tiere springen ausgelassen herum, eine Hochschwangere liegt mitten im Geschehen. Das alles läuft wie in [illegible] ab, bei dem der Regenmacher Regie führt.

Der Regenmacher von Sefar in seiner Höhle. Der Fries stellt einen Regen- und Fruchtbarkeitskult dar und ist 5 m lang und ca. 2,5 m hoch.

Ausschnitt aus dem Fries.
Linke Seite.

Ausschnitt. Mitte.

Die primitive Kunst der Felsbilder der Sahara hat hier den Höchststand einer langen Entwicklung erreicht und eine komplexe ikonographische Symbolsprache entwickelt. Da läuft zum Beispiel aus der Wolke eine Antilope heraus. Sie ist – folgen wir den Mythen der Khoi-/Xam - Symbol für Regen. Denn wenn es regnet, gibt es Antilopen. Der Primitive folgert analog: Antilopen bringen den Regen. So werden Antilopen zum Synonym für Regen, und mehr! Als Bild wird die Antilope zum Zauberzeichen, denn damit beschwören die Regenmacher den Regen. Und: Ausgemalt in rotem Ocker wird das Bild dieses Tieres zum doppelten Symbol - für Regen und gleichzeitig für Wiedergeburt. Bild und Zeichen entsprechen spirituell der Wirklichkeit.

Damit das Bild den Geist dauerhaft festhalten kann, muss es einen eigenen, ganz bestimmten Ort haben. Dieser Ort ist hier ein Felsüberhang; woanders kann es auch eine Höhle oder Felsspalte, manchmal auch eine ganze Landschaft sein, wie in den Tassili, im Messak, beim Brandberg in Südafrika. Die Höhlung symbolisiert dabei den inneren Raum, der einerseits der Kopf ist, wo Imagination, Sprache und Denken entstehen, andererseits der Uterus, Ursprung des Lebens.

Rückblick. Vor etwa 15.000 Jahren lag praktisch ganz Europa unter Eis und Schnee. In der Sahara herrschte zur gleichen Zeit ein Klima mit so reichlichen Regenfällen, dass sich - etwa bei Adrar Bous im nördlichen Aïr, im Ténéré, Tafassasset und auch zwischen den Dünengebieten - eine Art Seenplatte bildete. Die Menschen lebten damals in der Sahara vorwiegend vom Fischfang, der mit Reusen und Pfeil und Bogen betrieben wurde. Und wenn das nicht reichte, erschlugen sie nicht selten Menschen eines anderen Totems, eines anderen Geistes. Die amerikanische Anthropologin Ruth Benedikt hat dazu eindeutig, wenn auch wohl etwas ironisch, Stellung genommen: „Die Brauchbarkeit des Kannibalismus unterliegt (daher) keinem Zweifel." Und dabei ging man so vor:

Die Männer einer Gruppe erschlugen die Männer einer anderen. Dann fraßen sie Leber und Hirn der Erschlagenen auf und vergewaltigten die Frauen. Im ausgehenden Paläolithikum beherrschte man nicht nur noch nicht die Vorratswirtschaft, sondern hatte auch zu wenig Frauen. Die Bibel berichtet, dass die Stämme Israels häufig nur dazu unterwegs waren, um anderen Stämmen die Frauen zu rauben.

Alexander von Gleichen-Russwurm schreibt über Frauenraub und Frauenrecht: „Das Ende des paläolithischen Matriarchats kam mit Sicherheit durch die offensichtliche Frauenknappheit, wodurch Frauenraub, später auch Frauenkauf üblich und die Frau damit zum begehrten Besitz des Mannes wurde. Dadurch wurden die Regeln des alten Mutterrechts umgangen." Und diese Regelung war nicht sehr günstig für die Männer, denn das Mutterrecht machte Väter zu reinen Erzeugern, weil lediglich die Mitglieder der Linie der Mutter als Familie und Verwandtschaft angesehen wurden. Somit hatte der Erzeuger keinen eigenen sozialen Status und musste zusehen, dass er indirekt, als Bruder seiner Schwester, als Onkel mütterlichseits, familiär irgendwie unterkam. Ohne Schwester und deren Kinder stand der Mann ohne Familie da. Er war einsam und allein - und in einer symbiotischen Familiengesellschaft damit mehr oder weniger dem Untergang geweiht. Das Vaterrecht machte damit Schluss, nur wurde das für die Männer aufwändig und anstrengend, denn sie mussten die Frauen nicht nur teuer bezahlen, sondern auch ernähren. Doch Frauen wurden dadurch wertvoll und geschätzt, allerdings auch zu Objekten. Im Mutterrecht war alles eins, die Männer darin jedoch relativ machtlos.

Im ausgehenden Paläolithikum (einer Zeit, die für emanzipierte Frauen sicher nicht uninteressant gewesen sein mag, obwohl die jungen Frauen damals nichts zu sagen hatten, das heißt, sie mussten den Ratschlägen der älteren folgen) gab es in der Sahara noch Flusspferde, Elefanten, Giraffen, Krokodile, Esel. Doch das war alles kein Wild, das die Menschen mit ihren damaligen Mitteln regelmäßig und erfolgreich jagen konnten. Zudem war der Genuss von Gebratenem und Gekochtem noch unbekannt (Lévi-Strauss), man verzehrte das Vorgefundene oder Erjagte roh. Das rituelle Verspeisen von Hirn und inneren Organen hatte über das Einverleiben der Kräfte und des Geistes des Erschlagenen hinaus deshalb einen praktischen Wert: Diese Teile waren nicht so zäh. Oft kauten die Altsteinzeitler aber auch auf Resten herum, die erfolgreichere Raubtiere gut abgehangen zurückgelassen hatten.

Wenn wir auf den Felsbildern die großen Tiere der Savanne sehen und dabei an „Jagdzauber" denken, dann entspricht das vermutlich eher unserer Vorstellung vom Wunschtraum der Jäger. Oder es handelt sich um etwas ganz anderes. Giraffen, Elefanten, Nashörner waren in jener Zeit mit einiger Sicherheit selten Beutetiere für Menschen, sondern wohl vorwiegend Fruchtbarkeitssymbole oder Tiergottheiten. Der Felsbildforscher Tilman Lenssen-Erz sieht Giraffen auf südafrikanischen Felsbildern vor allem als Boten des Regens, als heilige Tiere an. Denn wenn diese Tiere in der Savanne auftauchten, war - nach der Erfahrung - bald Regen zu erwarten. Das heißt, für den Menschen war dieser Instinkt der Tiere etwas Übernatürliches, damit etwas Numinoses. Tiere waren in der Natur überlegen und orientierten sich im Verständnis der Menschen mystisch. Sie waren eins mit der Welt.

Versteinerter Meeresboden aus dem Devon.
Südlibyen.

Am Gréboun-Gebirge 1981. Wahrscheinlich die letzten Strauße im Aïr.
Sie haben die Tuareg-Rebellion nicht überlebt. Eine neue Aufzucht ist in Iférouane angelaufen.

Mathendoush, In Habeter III. Ca. 1,20 m x 1,20 m. Strauße im magischen Kreis.

Knapp 5000 Jahre später veränderte sich das Klima wiederum. Schnee und Eis auf dem europäischen Kontinent schmolzen ab, es gab die legendäre Sintflut und damit die erste uns überlieferte Klimakatastrophe apokalyptischen Ausmaßes: einstürzende Himmel, die Umkehrung des Segens des Wassers in den größten überhaupt vorstellbaren Fluch. Die Meeresspiegel hoben sich um gut hundert Meter und die halbe Menschheit ertrank. Von Atlantis blieben nur vage mythische Erinnerungen und von anderen Völkern und Kulturen nicht einmal mehr das! Nach diesem mittleren Weltuntergang, der mit Sicherheit damals auch der Religiosität Aufschwung brachte, kam eine lange Trockenzeit über die Sahara. Die Seen inmitten der bewachsenen Dünen begannen auszutrocknen; die Wüste breitete sich großflächig aus und bot nur noch für sehr wenige Spezialisten Lebensraum.

In dieser Zeit verschwanden zuerst die großen Tiere und natürlich alle Lebewesen und Pflanzen, die sich den neuen Bedingungen nicht anpassen konnten. Einige retteten sich auf Klimainseln wie in die Gebirge Ahaggar, Tassili, Fezzan und Aïr. Die Tatsache, dass Felsbilder vorzugsweise in diesen Rückzugsgebieten zu finden sind, ist sicher kein Zufall, denn in der Zeit dieses Wärmeschocks entstanden die Bilder der Regen- und Fruchtbarkeitskulte, die den Geist des Wassers beschworen, und zwar häufig an Stellen, wo einmal Wasser gewesen war, und wo – so wurde analog vermutet – der Geist des Wassers sich immer noch verborgen halte.

Die Menschen mussten nun zusehen, dass sie wieder Gebiete mit ausreichenden Niederschlägen erreichten. Weil die Trockenheit von Norden her einbrach, zogen die meisten nach Süden und versuchten dort in ihrer gewohnten Lebensweise halbwegs weiterzumachen. Hier gab es jedoch für Jäger, Sammler und Hirten nur die Möglichkeit einer wirtschaftlichen Gratwanderung. Denn Jagd und Viehhaltung wurden durch die Wüste im Norden und die Tsetsefliege im Süden begrenzt; also blieb für Hirten und Pflanzer nur die Übergangszone, der Sahel, übrig. Die reinen Jäger folgten dem Wild, und da stand ihnen der ganze Kontinent nach Süden offen.

Im Sahel leben heute neben Pflanzern und Händlern immer noch einige nomadisierende Viehhalter, jedoch keine Jäger. Deren Nachkommen finden wir bei den Pygmäen und den Khoi-/Xam, den letzten Überlebenden der Altsteinzeit.

Frau bei steinzeitlicher Hausarbeit an der Reibeschale.

Die Entdeckung der Hand ging einher mit der Entdeckung der Zeichen, der Wörter und des Denkens. Die frei gewordene Hand ist das erste Werkzeug und mehr noch - ein Universalwerkzeug, denn damit können andere, weiterführende Werkzeuge hergestellt und Ideen, Gedanken, Strategien zum Überleben realisiert werden.

Die Hand führt darüber hinaus zu intensiven Begegnungen mit den Anderen. Mit ihr kann der Mensch etwas erfassen und begreifen. Der Mensch ist somit ebenso Denker wie Handwerker. Wäre er nur das eine oder nur das andere, wäre das Überleben schwierig. Das Innere muss nach außen und das Äußere muss nach innen reflektieren, damit auf Eindrücke und Vorstellungen richtig reagiert werden kann. So wird die Hand selbst zum Symbol und gleichzeitig zum wichtigsten Macht- und Kommunikationsmittel des Menschen neben der Sprache. Die Hand hat deshalb auch magische Kraft. Mit ihr kann man jemanden erschlagen, liebhaben, segnen, abweisen; mit der Hand ist so umfassend Sprache möglich, dass es ziemlich sicher ist, dass die Sprache der Hände vor der Sprache der Wörter war.

Die Handzeichen auf den Felsen sind demnach Beispiele für eine Magie des Haptischen, die neben der Magie des Auges, der Stimme, des Tanzes Kräfte übertragen und aufnehmen konnte - die bleibende Spur des Persönlichen. Die Hand steht hier für den ganzen Menschen, der damit seine Anwesenheit in Raum und Zeit dokumentiert. Sie wird zu dem, was letztlich von diesen Menschen geblieben ist, zu einem bleibenden Schatten aus seiner Zeit.

Tassili.

Überfall im Tassili.

Da nichts bleibt, wie es ist, veränderte sich ein Jahrtausend später erneut das Klima. Es gab nun wieder regelmäßige Regenfälle. Und jetzt kamen auch Aufschwung und Durchbruch des Rationalen, die große neolithische Revolution, in der das Verfahren der Magie abgelöst wurde von der Magie der Verfahren. Diese erfolgreiche Umsetzung von Intelligenz ins praktische Leben, unterstützt von günstigen klimatischen Bedingungen, führte zu Technik und Zivilisation. Diese wiederum führte zu Sesshaftigkeit, zu Städten und Bürgern und damit zu einer etablierten sozialen Ordnung. Es gab fortan eine „Kultur der Dinge" (Georg Simmel), die sich aus dem neuen Geist ergab. Dieser driftete vom östlichen Mittelmeerraum vor allem nach Westen, aber kaum nach Süden, ins Innere Afrikas. Dort blieb alles weitgehend beim Alten, bei der Magie der Verfahren und den paläolithischen Naturgeistern.

Medizinmänner, Schamanen und Magier wurden im Neolithikum von In*genie*-uren abgelöst. (In dieser Berufsbezeichnung steckt sichtbar noch der alte Geist, der *djinn,* erkennbar im Wort Genie). Die Führer des Volkes, die Demiurgen, blieben dort, wo sie schon immer waren, im Zentrum. Allerdings tanzten sie nicht mehr, sondern repräsentierten den Geist des Sesshaften in der Darstellung des Erhabenen, im Palast, der nichts anderes war als ein säkularisierter Tempel. Sie vertraten das höhere Wesen auf der Erde, wo sie dessen unergründlichen Ratschluss nach eigenem, häufig ebenso unergründlichem Ratschluss verwirklichten. Unterstützt und beraten wurden sie jetzt nicht mehr vorwiegend von Metaphysikern, sondern von Schmieden und Handwerkern, später auch von Wissenschaftlern, die ganz real-physikalisch den Geist des Feuers beherrschten und zu nutzen verstanden.

Dieser alte Geist war seit eh und je gefürchtet, denn er stand antithetisch zum Geist des Wassers. Bisher wurde er lediglich beschworen, vertrieben, wenn möglich - jetzt wurde er genutzt. Den Geist des Feuers zu beherrschen war jedoch ohne entsprechende Qualifikation und vernünftiges Gefahrenbewusstsein nicht ungefährlich. Das war vor allem deshalb kritisch, weil er die Menschen hab- und machtgierig machte, indem er ihnen etwas versprach, das ihnen eigentlich nicht zukam. Deshalb ist er auch der Geist, der die Menschen trennt, während der Geist des Wassers die Menschen eint und verbindet.

Afrikaner fürchten den alten Erdgeist noch heute und haben deshalb großen Respekt vor ihm. In Agadez ging mir einmal eine Sandale kaputt und ich musste barfuß zurück zu Ahmeds Haus humpeln. Ich empfand das zwar als unangenehm wegen der Hitze, aber nicht gerade als Katastrophe. Kaum angekommen, stürzte sich jedoch die ganze Familie mit Unmengen von Wasser auf meine Füße, und das nicht nur wegen der paar Sandkrümel, sondern um den Geist abzuwaschen, der offensichtlich an meinem Fuß klebte.

Der unberechenbare Erdgeist ist zwar schwächer als der Geist des Wassers, aber für Menschen anscheinend nicht ungefährlich. Die Taufe, die Heilsbotschaft der Christen, und die in der Bibel verbriefte Fähigkeit von Jesus Christus, übers Wasser gehen zu können, sollen die Stärke des guten Geistes darstellen, der versöhnt und verbindet.

Das Gebetsritual der Muslime schreibt vor, Hände und Füße vor dem Gebet zu waschen und sich auf einen Teppich zu knien, niemals auf die bloße Erde. Das geschieht nicht, um etwa rheumatischen Erkrankungen vorzubeugen! Wenn man die Schuhe auszieht, bevor man einen Teppich oder eine Moschee betritt, will man damit weder den Teppich noch die Moschee schonen. Es geht dabei immer um die Distanz des Menschen zum Erdgeist.

Der paläolithische Geist aus der Kultur arider Länder sagt: „Wasser ist Leben." In nördlichen Breiten betet man die Sonne an, denn Sonne ist im Norden weniger häufig als Wasser. Wasser und Licht müssen jedoch in einem ganz bestimmten Verhältnis zueinander stehen, damit Leben entsteht.

Die Synthese von Wasser und Licht wird in vielen archaischen Kulturen im Symbol der Schlange gesehen. Die Schlange lebt im Wasser, im *agens* der Fruchtbarkeit, und bewegt sich glitzernd wie das Licht. Sie birgt wie kein anderes Tier vor allem ein Geheimnis: Sie ist imstande blitzartig zu töten. Sie verwandelt sich, indem sie ihre Haut abstreift. Dadurch wird sie zum Symbol für Wiedergeburt und Metamorphose.

Das Heilige ist jetzt nicht mehr ein ausgewählter Ort in der Natur, sondern ein gemachter. Es bekommt ein festes Haus aus Stein, den Tempel. Die Regenmacher, die Herren über Chaos und Zufall, werden von Priestern, den Beamten Gottes, abgelöst. Der Begriff, gebunden an das Wort, wird zum feststehenden Reich Gottes, jenseits aller Galaxien und damit des Urknalls in immer dichterer Komplexität erdacht und aufgeschrieben, dogmatisch festgelegt. Die primitiven „nomadischen" Naturreligionen haben dagegen kaum eine Chance.

Bilder und Zeichen, die alten ikonographischen Sprachen, beschwören im fortgeschrittenen Neolithikum nicht mehr übernatürliche Geistwesen. In den Bildern der Bogenschützen zum Beispiel wird der neue selbstbewusste Mensch gezeigt, der beginnt die Natur zu beherrschen und zu überlisten. Dadurch geht es den Menschen nach und nach materiell so gut, dass sie Zeit haben, sich auch mit sich selbst zu beschäftigen, was dazu führt, dass sie anfangen, Zivilisation als einen autonomen Teil der Welt zu sehen und darzustellen.

Das zeigt sich vor allem in der urbanen Kultur, die im Gegensatz zu den vergänglichen Nomadenlagern aus Häuten, Lehm und Pflanzengeflecht stehen. Und es verändern sich die Hierarchien. Es kommt zur Konfrontation der Weltbilder: das der Jäger und Hirten gegen das der Städter und sesshaften

Pflanzer. Der Sesshafte verdrängt den Nomaden, indem er auch das Land um die Stadt herum zu seinem Land erklärt und diesen Anspruch mit Waffengewalt durchsetzt und die anderen versklavt, damit sie für die Menschen der Stadt arbeiten. Um das durchzusetzen, wird das Militär erfunden. André Leroi-Gourhan sieht in der Entwicklung von Stadt und Metallurgie den Übergang vom mythologischen zum rationalen Denken; gleichzeitig entsteht und entwickelt sich die Schrift, deren erste Zeichen in Mesopotamien um 3500 (!) vor unserer Zeitrechnung auftreten.

Die Stadt ist - da vom gleichen Geiste wie die transzendente Religion – Unterstützerin dieser neuen Religion. In diesem Weltbild wird das höhere Wesen als Begriff gedacht, als Gott, der sich dem Menschen im Wort allein offenbart. Damit ist Gott nicht mehr bildhaft! Da nur Menschen mit ihrer Sprache Begriffe bilden können, werden Menschen zum auserwählten Volk Gottes: Sie sprechen sein Wort aus. Natur und Tiere werden zu Sachen! Jesus Christus wird später in seiner Selbstopferung zum Verknüpfer, zum Erlöser, weil er Mensch und Gott in sich vereint und damit die Inkarnation Gottes im Menschen darstellt. Dieser ebenso unwahrscheinliche wie ungeheuerliche Vorgang kann jedoch nicht von irdischer Dauer sein. Deshalb muss Jesus sterben, um in der Ewigkeit Gottes weiterzuleben. Damit ist er in der Tradition der Regenmacher der Khoi-/Xam, die in ihrem Zauber fortleben.

Gott, das höhere Wesen, ist das Wort Gottes, ist Gott. Indem man den Namen Gottes ausspricht, ist Gott gegenwärtig. Gott ist damit das Absolute, das exemplarische Wort, der Ursprung der Sprache, der Ursprung des Menschen - des Tieres, das sprechen kann.

Die Stadt macht sich von Anfang an zum festen Punkt, zur irdischen Konstante, zur „ewigen Stadt" und beherbergt damit indirekt auch den Anspruch auf die Herrschaft über die Zeit, verliehen durch den ewigen Gott. Deshalb ist der Tempel immer auch das Zentrum der Stadt und liegt – wenn ein Berg vorhanden – auf diesem Berg. Der alte Naturgeist dagegen symbolisiert die Verwandlung. In ihm sind Mensch und Welt andauerndes Werden. Der alte Geist des Wassers kennt allerdings weder eine Ewigkeit im Himmel, noch einen Ursprung des Lichts jenseits des Urknalls, sondern eine Wiedergeburt in der Erde, in der Unterwelt. In der transzendenten Religion ist das Licht der Geist; sie ist damit ein Sonnenkult und knüpft an alte Sonnenkulte. Der Naturgeist kann diesem Lichtgott nicht viel entgegensetzen – außer seine bescheidene Wahrheit gegen dessen Hybris.

Tassili. Tin-Tazarift. Größe ca. 20 cm.

Tassili. Jabbaren. Größe ca. 15 x 22 cm.

Tassili. Tin Aboteka.
Größe ca. 1,70 x 1,70 m.

Kunst und Handwerk. Kunst braucht zur Verwirklichung des Geistes das Werk; denn Geist muss sich materialisieren, um sinnlich wahrgenommen zu werden. Deshalb kommt letztlich keine Zauberei – auch Kunst und Religion nicht – ohne Handwerk oder Rituale aus. Erst in ihrer sinnlich wahrnehmbaren Verwirklichung wird die ursprünglich unsichtbar schwebende Imagination fassbar und kann ihre Wirkung nach außen entfalten. Aus Inspiration (Geist) und Imagination (Vorstellung) und der Fähigkeit (Genie), These und Antithese zu vereinen und handwerklich umzusetzen, entsteht durch das Medium Künstler das Kunstwerk. Über Rituale, Dogmen, Tempel, Opferstätten, verbunden mit der Offenbarung des Geistes durch Schamanen und Priester, entstehen Religionen.

Da Kunst sich an den unsterblichen Geist der Zeit wendet, muss das Kunstwerk überdauern. Doch dabei sind Kriterien zu erfüllen: das rein materielle Überleben des Werks und das Überleben des darin enthaltenen Geistes, der auf einen ihn erwartenden verwandten Geist in einer anderen Zeit hofft: einen Kunstkenner oder einen neuen Heiden.

Felsbilder haben diese beiden Hürden offensichtlich überwunden. Sie sind teilweise 30.000 Jahre alt, einige sind noch älter. Damit sie jedoch auch geistig überdauern, um uns vom Geist ihrer Zeit etwas sagen können, müssen wir einen Zugang zu ihnen finden, ihren Geist mit unserem verknüpfen. Nur so wird uns die Deutung gelingen.

Die Bilder sind alt und das sieht man ihnen an. Doch alle Veränderungen, sei es durch partielles Abplatzen einzelner Farbschichten oder durch Verblassen der ursprünglichen Farben, empfinden wir als Steigerung ihrer Aura und Authentizität. Dadurch bekommt das alt gewordene Werk das Flair des Wahrhaftigen, und nur das zählt. Denn wir wollen dem Werk glauben, selbst wenn wir seine Sprache im Einzelnen nicht verstehen sollten; denn wir glauben im Prinzip ja immer nicht allein einem einzelnen Beweis, sondern nur der Wahrheit als Ganzem, und die muss uns überzeugen, durch ihren Geist.

Die Malereien in den Tassili wurden mit Ocker, Kaolinweiß und anderen Pigmenten ausgeführt, die man frei in der Natur fand. Teilweise wurden Pigmente durch Brennen verändert und gelegentlich malte man auch direkt mit Ruß oder Asche. Neben Mangan und Manganoxyd gehört der rote Ocker zu den ältesten Pigmenten. Erich Pietsch zitiert Senghor in einer Veröffentlichung des Deutschen Museums in München, wonach „der Mensch jener Zeit sich dem Numinosen geöffnet hatte und geistig Subjekt und Objekt zugleich war. Damit war er in der Lage, sich selbst zu fühlen. So empfand er Strahlungen durchaus körperlich." Die Farbe selbst hatte für ihn folglich eine eigene innere Bedeutung.

Das Malverfahren vieler Felsbilder erinnert an klassische Freskotechnik. Dabei netzte man den porösen Sandstein mit einer Kaseinlösung und malte dann auf den angefeuchteten Stein. Das Pigment, ebenfalls in Kasein gebunden, wurde vom Sandstein teilweise aufgesogen; und das war eine der wichtigsten Voraussetzungen für das Überdauern der Bilder, denn ein rein oberflächlicher Farbauftrag wäre wahrscheinlich aufgrund der Temperaturschwankungen mit der Zeit abgeplatzt.

Die Maltechnik variiert bei den Tassili-Felsbildern von feinen Lasuren – etwa bei den Hirtenbildern und Bogenschützen - bis zu pastoser Malerei bei den Rundköpfen. Allgemein entscheidend für die Haltbarkeit sind - neben der Lichtechtheit der Pigmente - der Untergrund und die Behandlung des Untergrunds, und vor allem das verwendete Bindemittel. Von ihm hängt es ab, ob sich die Farben durch Oxydation verändern oder ob die Malerei irgendwann einfach abblättert.

Ein weiterer Einfluss auf die Farben geschieht durch Lichteinwirkung. Bilder, die in völliger Dunkelheit in Höhlen ihre Farben bewahren konnten, haben überdauert. Aber sicher nicht nur, weil sie unter Lichtabschluss waren, sondern weil mehrere Bedingungen zusammenkamen: unter anderem gleichmäßige Temperatur, eine bestimmte Luftfeuchtigkeit und dann eben auch keine Oxydation.

Die Bilder der Sahara waren zwar häufig, aber nicht immer gegen direkte Sonneneinstrahlung geschützt; das wechselhafte Klima war jedoch problematisch genug. Dass die Felsmalereien das alles gut überstanden haben, ist den hervorragenden handwerklichen Fähigkeiten der Künstler zu verdanken, dem roten Ocker und seiner Lichtechtheit und nicht zuletzt dem Kasein. Doch dazu benötigte man Milch.

Wir können uns vorstellen, dass sich wilde Büffelkühe oder Antilopen nicht so ohne weiteres von Menschen haben melken lassen, damit diese Kasein gewinnen konnten. Folglich sind viele Ritzungen älter als die Malereien, weil es in der sogenannten „Wildtierzeit" schwierig war, an Milch heranzukommen.

Zeichensetzung. Cassirer nennt den Menschen ein „animal simbolicum". Zeichen zu setzen ist danach ein innerer Zwang des Menschen, nämlich Sprache zu bilden. Der Mensch befragt über seine Zeichen die Welt, wer sie sei, und die Welt fragt im selben Zeichen zurück, wer er denn sei. In diesem Spiel von Frage und Antwort sind Fragender und Befragter ein- und derselbe und doch nicht. Sie sind verschieden und doch eine Einheit. Denn das gewisse Etwas, das Frage und Antwort verbindet, ist der Geist, der geheimnisvolle Dritte. Um ihn dreht sich jeder Zauber, welchen Namen er auch haben mag.

Sprachen sind – rational betrachtet – Zeichenkomplexe zur Kommunikation und Orientierung, mit denen sich Menschen mit der Welt und untereinander verbinden, weil sich Menschen nicht „von selbst" orientieren und verbinden, wie etwa Tiere in ihrem angestammten Lebensraum. Der Mensch braucht deshalb die Sprache, weil er Denken und Bewusstsein hat, die wiederum Sprache bedingen. Mit Sprache fragt der Mensch nach dem Weg und mit Bewusstsein hinterfragt er den Weg, den Sinn. Er fragt nach der Zeit und hinterfragt die Zeit, er fragt nach sich selbst und hinterfragt sich selbst, er fragt nach dem Ursprung und dem Ende der Welt und macht sich noch allerhand Gedanken in dieser und jener Richtung, weil Denken auch immer beschäftigt sein will. Eingesperrt oder isoliert ist der Mensch von Kommunikation abgeschnitten: Als Einzelhäftling wird er depressiv oder wahnsinnig, als Mönch harrt er der Offenbarung.

So tastet sich der Mensch durch sich selbst und durch Welt und Zeit und verwandelt dabei die Welt, indem er sie mit seinen Zeichen zu seiner Wirklichkeit macht. Da alles, was rätselhaft ist und nicht seine Zeichen trägt, für ihn das Fremde ist, ist der Mensch zwar einerseits neugierig, andererseits aber auch ängstlich.

Der Mensch wird religiös nicht nur, weil er Angst vor der Welt hat, sondern auch vor den Folgen der numinosen Macht, die ihm Zeichen setzt, die seine Grenzen anzeigen. Die wichtigste Grenze ist immer sein Tod, eine der größten Demütigungen, die er in der Welt erleiden kann, vermittelt über seine außerordentliche Fähigkeit zu Bewusstsein. In der Steinzeit lebt er inmitten von Tieren, die entweder nichts mit ihm zu tun haben oder ihn fressen wollen. Der Mensch braucht – und das sagt ja Cassirer – deshalb seine eigene Welt, die er durch Zeichen und Metazeichen darstellt. Der Glaube an Wiedergeburt oder das ewige Leben ist die innere Balance, ohne die das Bewusstsein für ihn eine Strafe wäre.

Deshalb beschäftigen sich alle authentischen Religionen mit Zeichen. Diese spirituellen Zeichen koordinieren den Weg und die Zeit und wehren den bösen Geist des Irrens ab. Nomaden, die die Wildnis so gut kennen, dass sie bereits ein Teil davon sind, sehen derartige Zeichen zwingend anders als Sesshafte, denen die Wildnis nur Angst einjagt, weil sie die inneren Zeichen der Wildnis nicht kennen. So erkennt der Mensch der Wildnis Heilpflanzen, Stimmung und Gemüt der Tiere und erreicht eine hochdifferenzierte Wahrnehmung seiner Umwelt, die dem Sesshaften unvorstellbar ist. Die Frage, ob der Nomade ein besseres Leben führt als der Sesshafte, drängt sich auf, ist aber müßig. Wir leben alle mit Folgen, die Jahrzehnte oder Jahrhunderte zurückliegen, und können nur hoffen, dass wir doch noch irgendwann Glück haben. Allerdings halte ich das nomadische Denken und Leben für sinnvoller und realistischer. Bei dem zur Zeit herrschenden demografischen Druck, der auf der Welt lastet, jedoch für unmöglich zu realisieren. Man könnte immerhin nomadisch denken, sich auf die Flüchtigkeit des Seins einstellen, die das Wesen des Seins eben doch ist. So hat das Archaische Konjunktur.

In der heutigen Kunst gibt es beeindruckende neoarchaische Projekte, in denen eine geheime Sehnsucht nach Katastrophen, nach Genesis – dem bildhaften Machtwort Gottes, das zur Tat Gottes wird - anklingt. Ich denke da an LandArt wie das "lightning field" von Walter de Maria, bei dem Stahlmasten Blitze zur Erde locken – was bei entsprechender Witterung auch ganz gut funktioniert. Walter de Maria holt damit numinose Energie aus dem Himmel und zwingt sie, zu seinem Zeichen zu werden. „Der Blitz ist der erste Schriftzug, Alpha und Omega als Sache eines Augenblicks; er ist die erste Gravierung." (Michel Serres). Das bewusst zu bewirken ist die Verbindung archaischer und neuer Geister. Und Walter de Maria macht das möglich! Damit steht er nicht mehr mit Entsetzen sprachlos vor der mysteriösen Naturgewalt, vor Zeichen und Stimme des Allmächtigen, er macht daraus sein Schauspiel, seinen Auftritt; er zeigt, dass er mit den Kräften, die die Welt bewegen, sein Spiel treiben kann. Die Regel der Wildnis sagt allerdings, dass man Geister nicht ohne Not rufen sollte.

Savannen, Wüsten & Menschen. Savannenklima ist gekennzeichnet durch unregelmäßige Niederschläge, noch nicht Wüste, nicht mehr Weide und Ackerland. Die Savanne ist damit eine Übergangszone. Wer hier lebt, muss gelernt haben mit dem Zufall umzugehen, flexibel zu sein und auch Dürrezeiten durchstehen zu können. Bleibt der Regen zu lange aus, wird das Land unter Umständen für Menschen und Tiere zur Todesfalle.

In der Wüste dagegen ist das Klima zwar an sich lebensfeindlicher, aber immerhin konstant lebensfeindlich. Für die Überlebensspezialisten der Wüste ist das indirekt ein Vorteil, weil sie unter sich bleiben. In der Wüste ist jedoch auch nur da Leben möglich, wo es Wasser gibt, selbst wenn es sehr wenig sein sollte. Das bedeutet, in der absoluten Wüste kann niemand leben, sondern nur auf vereinzelten Vegetationsinseln und in der Nähe von Brunnen. Daraus ergibt sich, dass Wüstenbewohner beweglich sein müssen und ständig in einer *existence acrobatique* leben.

Wer in der Savanne Viehzucht betreibt oder Gärten anlegt, wird durch die Unberechenbarkeit der Regenfälle mit Risiken konfrontiert werden; denn Rinder, Schafe, Ziegen, Hirse und Zwiebeln benötigen regelmäßig Wasser. Wenn in guten Zeiten die Herde groß geworden sein sollte, kann sie in schlechten unter Umständen zu groß sein, und nicht selten verenden dann alle Tiere einer Herde.

Leben für den Menschen in Wüste und Savanne ist abhängig von seiner Beweglichkeit und damit auf die Dauer nur durch das einhöckrige Kamel, das Dromedar, möglich, das ein wahres Wundertier ist und erst um das dritte Jahrhundert unserer Zeitrechnung in Afrika eingeführt wurde. Das Kamel macht den Wüstennomaden zum Überlebensspezialisten, weil es ihm die nötige Beweglichkeit verschafft, um von einer Vegetationsinsel zur anderen zu wandern. Die Menschen, die die Kultur der Felsbilder schufen, hatten also noch keine Kamele und konnten den Nomadismus, wie wir ihn heute etwa von den Tuareg kennen, nicht betreiben.

Vor dem Hintergrund dieser Lebensbedingungen, wie sie in der Sahara mit Savannenklima vor etwa 10.000 Jahren herrschten, entstanden die meisten magisch-mythischen Weltbilder, in denen die Menschen sich das Schicksal als ein numinoses Geistwesen vorstellten. In ihren Ritualen führten sie mit diesen Wesen imaginäre Dialoge und trafen spirituelle Abmachungen, um sich gegen die Macht des Schicksals abzusichern.

Um in Welt und Zeit zu überleben, mussten die Menschen lernen symbiotisch zusammenzuhalten. Das Miteinander war folglich überlebenswichtig. Innere Gemeinsamkeiten, wie die durch eine bestimmte Religion, eine eigene Sprache, verbanden die Einzelnen zur Gemeinschaft. Daraus entstand später auch das Bewusstsein einer gemeinsamen Identität: ein Volk zu sein.

Felsbilder zu fofografieren ist unter Umständen aufwändig und nicht ungefährlich.Im Messak brach ich mir bei einem Sturz in derartigen Felsen eine Rippe. Ich wertete das als Unmut der Geister. On sait jamais!

Fezzan. Tel Isaghen. Größe ca. 1 m x 1,20 m.

Fezzan. Mathendoush, In Habeter. Größe ca. 1,30 m x 0,55 m

Tin-Mezougga. Algerien. Südl. von Djanet. Ritzung. Größe ca. 1 m.

Fezzan. Tel Isaghen. Größe ca. 0,20 m x 0,30 m.

Fezzan. Tel Isaghen. Größe ca. 0,50 m. Das Flusspferd galt bei den Völkern am Niger, den Mali und Malinke, als Symbol der Stärke. Mali bedeutet Flusspferd.

Fezzan. Mathendoush. Größe ca.0,20 m x 0,30 m.

Fezzan. Mathendoush. In Habiter III. Größe ca. 0,50 m x 0,25 m.

Tanzoumaitak. Unter dem mächtigen Felsüberhang herrscht eine völlig veränderte Atmosphäre. Der Raum hier vor den Bildern ist deutlich der andere Ort. Draußen, da sind nur chaotische Felstrümmer und gleißendes Licht. Der eigentliche Fries, der zur Rundkopfperiode gehört, ist über 5,40 Meter lang und etwa 1,60 Meter breit. Die Grotte von Tanzoumaitak zeigt neben der von Sefar mit dem tanzenden Regenmacher das größte zusammenhängende Felsbild der Tassili.

In der oberen Bildmitte dominieren zwei Tänzerinnen. Weiter unterhalb ist ein Widder mit gewaltigem Gehörn. Das sind die Protagonisten der Zeremonie.

Auf den ersten Blick wirkt die Malerei naiv und relativ undramatisch. Doch das Thema ist ernst, es geht hier um ein archaisches Opfer. Was geschieht auf diesem Bild? Da alles symbolhaft zu sehen ist, müssen wir den symbolischen Hintergrund der Bilder versuchen zu entschlüsseln. Da sind die Tänzerinnen: sehr junge Mädchen. Im Ritual sind sie Metapher für die jungfräuliche Erde. Der Widder wird zum männlichen Prinzip, zum Regen. Im Opfer werden beide getötet und damit mystisch vereint. Die Erde erhält über dieses Opfer symbolisch den Regen und das Land wird durch den Geist fruchtbar werden.

Wie kann man sich diese Rituale heute überhaupt noch sinnlich vorstellen? Wir denken nach, recherchieren. Wir werden dabei Umrisse erkennen, aber kaum die Intensität des Geschehens nachvollziehen können. Also bleibt die Zeitreise. Aber wie macht man eine wirkliche Zeitreise?

Igor Strawinsky, der nachweislich kein Vor- und Frühgeschichtler war, dafür umso mehr Heide und fähig den archaischen Geist zu beschwören, gelang im „Le sacre de printemps", dem Frühlingsopfer, diese Zeitreise.

Ich lege eine Aufnahme von Strawinsky mit den New Yorkern Philharmonikern auf. Die Musik beginnt wie das Nahen eines Unwetters. Aus dem Hintergrund bricht das Heilige als Katastrophe ein, reißt explosionsartig den Raum auf und den Zuhörer mit; das ist Genesis! Kein liebender Gott formt hier Lehmfigürchen und haucht ihnen seinen Atem ein.

Die einzelnen Sätze zeigen den Ablauf der Zeremonie. Es beginnt mit der „Anbetung der Erde"; es folgt der „Tanz der geweihten und geschmückten Jungfrauen". Danach der „Mystische Tanz", die „Verherrlichung der Auserwählten", die „Anrufung der Ahnen" und schließlich der eigentliche „Opfertanz". Es endet in einer Musik, die blutig-chaotisch-sakral ist, schmerzhaft und apokalyptisch. Das alles ist erdhaft und kosmisch zugleich und man weiß nicht, ist es noch Musik oder bereits Wirklichkeit, der wir – wenn es so weitergeht - einfach nicht mehr gewachsen sein werden. Doch dann schwingt der Meister zurück und hinterlässt uns mitleidslos einer bedrohlichen Stille vor dem nächsten Sturm.

Der Weg des Opfers beginnt im „*Sacre*" in einer musikalischen Ekstase: Strawinsky nennt den Satz „Geburt der Erde". Das Werk endet mit der Hingabe an die Erde, im Tod, in Auferstehung und Erwachen in einer anderen Zeit.

„*Le Sacre*" wurde am 29. Mai 1913 in Paris uraufgeführt und war ein riesiger Skandal. Der Kommentar nach der Aufführung: „Das Publikum fiel in einen sinnenberauschenden Taumel. Nachdem der Vorhang gefallen war, artete der Tumult in eine regelrechte Schlägerei aus, an der sich sogar die Damen beteiligten. Es entstand eine tosende Erregung, die der heidnischen Ekstase auf der Bühne gleichkam."

Tassili. Tanzoumaitak.
Größe ca. 6 m x 2 m.
Tänzerinnen.
Größe ca. 1 m.

Tin-Terhert. Etwa auf halbem Weg zwischen Illizi und Zaouatallaz, im Südosten Algeriens, sind wir auf dem Plateau Fadnoun, einer unvorstellbar öden Hochebene. Im Winter ist es auf dem Fadnoun eiskalt und extrem windig. Im Sommer glühend heiß und extrem windig.

Praktisch nur für Eingeweihte erkennbar, biegt hier eine Fahrspur von der Hauptpiste nach Osten ab. Der Weg endet an einer schwarz verbrannten, recht großen und leicht nach oben gewölbten Felsplatte: Das ist Tin-Terhert, ein paläolithischer Kultplatz, der sich kaum von der ihn umgebenden Wildnis unterscheiden würde, wären da nicht Zauberzeichen. Durch diese Zeichen wird Wildnis in Landschaft verwandelt.

„Landschaft", schreibt Simon Schama, „ist das Werk des Geistes; sie besteht ebenso aus Schichten von Mythen und Ideen, wie aus Gesteinsschichten. Der Mensch macht sich ein Bild von der Natur und dadurch wird sie zur kulturellen Erfindung." So entstehen „Bewusstseinsströme", die über Generationen hinweg weitergegeben werden, Mensch und Landschaft verbinden sich in einem Geist und werden so zur Einheit. Die Zauberzeichen von Tin-Terhert verwandeln die Leere, die Wüste, das Fremde in Landschaft. In Land, das die Zeichen des Menschen trägt.

Ich war mit Mohammed, dem Neffen von Ahmed Ségri aus Illizi, im Januar 1998 tagelang in dieser Gegend der nördlichen Tassili unterwegs. Wir waren um den mächtigen Tafelberg Mezriren herumgefahren und in Tamadjert gewesen, alles *tout a fait normale*, allerdings - wir waren in dieser Einsamkeit mit nur einem einzigen Auto unterwegs! Das war nicht ohne Risiko. Als ich einmal meine Bedenken äußerte, meinte Mohammed, dass uns hier praktisch nichts passieren könnte, denn „ganz in der Nähe" sei seine Tante Fatimata mit ihren Ziegen und die würde uns ganz sicher finden oder wir sie. *Mafish mushgida!*

Mohammed war hier ganz offensichtlich zu Hause. Für mich dagegen war sein Zuhause offene Wüste. Ich kannte weder die Namen der Berge, noch hatte ich hier eine Tante. Er machte mal eben einen Verwandtenbesuch, aber für mich war das hier Abenteuer, unter Umständen auf Leben und Tod.

Tatsächlich trafen wir später auf einem schwarzen Geröllfeld Fatimata mit ihren Ziegen. Sie freute sich riesig und benahm sich nicht anders als eine Tante in Europa, die ihren Neffen zufällig auf einem schwarzen Geröllfeld trifft. Mohammed meinte lachend: „Hier siehst du, dass ich recht hatte, das ist Fatimata, meine Tante, sie freut sich, dass wir sie besuchen. Gleich gibt es Tee."

Aus Wildnis wird Landschaft allein dadurch, dass wir ihr Namen in unserer

Sprache geben. Die Bilder und Zeichen auf den Felsen sind so als Namen zu sehen, über die der menschliche Geist sich mit dem Fremden verknüpft. Die Namen und Zeichen werden zu Trägern und Medien für unseren eigenen Zauber, mit dem wir etwas erschaffen, indem wir es benennen. Der Name wird zum Ausdruck des Wesens. „Er ist, wie sein Name sagt." (Salomo 25/25). Alle Dinge bekommen dadurch, dass sie Namen haben, Identität und damit einen bestimmten Geist, und wir bekommen zu ihnen eine Beziehung. Das ist die wesentliche Bedeutung der Namen.

Tin Terhert lag und liegt eigentlich immer noch am Ende der Welt. Dahinter war und ist noch immer mystischer, unvorstellbarer Abgrund: die Unendlichkeit? Und darin besteht für uns die Faszination des Horizonts, denn der steinzeitliche Geist in uns kann sich die Erde als Kugel ohne Anfang und Ende niemals vorstellen. Und sich bis hierhin gewagt zu haben, bedeutete, vor dem Absoluten zu stehen, vor dem Nichts und der Unendlichkeit. Und wie nun weitergehen? Das hier ist wesentlich unsere Grenze, denn „wir können nur immer das Endliche erfahren. Doch Kunst enthält intentional das Unendliche."

Wie auch immer, wenn ich Ludwig Wittgenstein richtig verstanden habe, dann hatten die Primitiven bereits alles begriffen - auch den Ludwig Wittgenstein.

Nördliche Tassili. Tin-Terhert. Stierkult mit Ideogrammen, Spiralen und liegenden Achten.

Ausschnitt. Besonderheit: die nebeneinanderliegenden Augen als „Näpfchen".

Tin-Terhert.

Die wohl berühmtesten Antilopen der Sahara.

Größe ca. 70 cm.

Tin-Terhert. Hier fotografieren wir die Felsplatte.
Gewicht des auf der Leiter befindlichen Fotografen: 85 kg (ohne die Pentax).

Tin-Terhert.

Größe ca. 40 cm x 50 cm.

Durch ihre Mythen verwandeln die Tuareg Wüste in ihre Landschaft und machen sie zu ihrem Lebensraum. Da ist zum Beispiel der Mythos vom Berg Mezriren.

Ahmed Ségri aus Illizi hat ihn mir erzählt: „Die Berge sind wie Menschen. Von einigen wird gesagt, sie seien ursprünglich gar nicht hier gewesen, sondern lebten vor langer Zeit im Ahaggar. Von dort brachen sie eines Tages auf, um Holz zu sammeln. Schließlich kamen sie hier an. Vom Berg Mezriren wird erzählt, dass er mit seinem ganzen Clan hier lebt. Er ist der größte. Neben ihm steht seine schöne Tochter und hinter ihm stehen seine Krieger. Rechts von ihm ist seine Nichte, sie hat den Namen Tellit, so heißt der Mond in der Sprache der Tuareg. In der Ferne dort, fast am Horizont, das ist Adredj. Hart, unbeugsam und stolz. Man mag ihn nicht so recht, denn Adredj hat ein Auge auf die schöne Tellit geworfen, was der Bruder der Mutter, Mezriren, gar nicht so gern sieht. Schließlich kommt es zum Kampf zwischen Mezriren und Adredj. Und um das mitzuerleben, machen sich alle Berge des Ounan auf zum Kampfplatz. Auch die Berge aus dem Thiodain, wo Tellit zu Hause ist, machen sich auf den Weg, um das Spektakel mitzuerleben. Der Kampf beginnt zuerst mit Worten. Denn mit Worten lässt sich zaubern. Adredj fordert Mezriren heraus und singt, denn er ist ja in Wirklichkeit ein Zauberer, der sich in einen Berg verwandelt hat. Aber auch Mezriren ist ein Zauberer, sonst könnte er sich ja nicht in einen Berg verwandeln. Adredj singt:

„Ich habe die Tedjad ausgesandt, die Kämpfer zu rufen. Sifossen und dahinter Daqsau kommen mit, und auch der mit dem dicken Gesicht ... ."

Mezriren tritt ihm entgegen:

„Gott sei gepriesen, dass nun schon die Berge gelernt haben sich zu bewegen. Aber denke nur, auch ich habe viele Berge, sie beim Namen zu nennen. Vor allem habe ich meine Lieblingskamelstute und ihr Fohlen."

In diesem Lied besingt er in Wirklichkeit die Landschaft, denn seine Stute ist analog die Landschaft, die ihm genauso lieb ist. Mensch, Tier und Landschaft werden im Mythos zu ein- und derselben Sache, denn in der sprachlichen Verdichtung können die Menschen Berge sein und umgekehrt. Er sagt, er habe Berge, sie beim Namen zu nennen, das bedeutet: Er beherrscht ihren Geist.

Doch jetzt geht der Kampf erst richtig los. Mezriren stößt Adredj die Lanze in den Leib und Adredjs Eingeweide quellen heraus. Man kann sie noch heute bei Tasset versteinert in den Bergen sehen! Dann nimmt er Tellit auf die Spitze seiner Takuba und setzt sie neben sich. Und - nicht ganz unwichtig: „Im Mezriren gibt es einen magischen Ort, einen Felsspalt, wo man das Mufflon mit bloßen Händen fangen kann!"

Mezriren links und Tellit, seine Nichte, rechts.

Regenmacher waren in der Lage den Geist in den Dingen zu erkennen und so den Dingen Namen zu geben. So bezeichneten sie Ursprung und Schicksal der Dinge. Manche Regenmacher hatten übernatürliche Fähigkeiten und konnten selbst noch in den Spuren der Schatten lesen und in einer Zaubersprache mit Geistern und Tieren sprechen und dadurch auch mit dem Schicksal verhandeln. Es ging dabei immer um Leben und Tod. So entstanden Orakel, Hellseherei und schließlich die Kunst. Dabei wurden Abmachungen zwischen Tieren, Menschen und den Geistern getroffen: Tiere, die den Regen geleiteten, und die Lieblingstiere der Geister, die Totemtiere, durften nicht gejagt werden. Die Regenmacher regelten so den gesamten Verbund von Natur und Menschen.

Die Khoi/Xam erzählen: „Wenn ein Regenmacher stirbt, dann bebt die Erde und zur gleichen Zeit stürzen die Sterne vom Himmel und fallen in einen Brunnen." Die Welt gerät in Ekstase, der Geist greift in die Welt und nichts ist mehr, wie es einmal war. Doch „die Zauberer bleiben immer und überall Herr ihres Zaubers." Denn der Zauber lebt im Zauber fort: So ist der ursprüngliche Geist der unsterbliche Geist!

Der Regenmacher spielte auf dem Bogen. Das war sein Zauber, denn er musizierte den Regen herbei. /Kabbo erzählt vom Regenzauberer, und seine Sprache wird dabei tragend, fast beschwörend. Er weist auf Vielsagendes hin, er macht bedeutsame Pausen. Er führt uns behutsam in einen Traum, denn sein Name /Kabbo bedeutet „Traum". Denn im Zauber gilt: „Er ist, wie sein Name sagt." So ist der Zauberer Meister der Träume und verwandelt Träume in Wirklichkeit und die Wirklichkeit in Träume und ist selbst der Traum.

In der Zeit der Dürre spricht er vom Regenstier, der einen Regen bringt, der das Land überflutet, es fast ertränkt, dem ein Staubsturm vorausgeht, der die Hütten zerstört, der mehr Unheil als Segen bringt. Dann spricht er von einem Regen, der sanft fällt, der das Land liebkost. Er verspricht diesen sanften Regen, und er will ihn schneiden und das Blut fließen lassen, das sich auf der Erde in Wasser verwandelt. Dann werden die Springböcke das Blut des Regenstiers trinken und herumhüpfen vor Freude und es wird große Jagd geben. Der Zauberer durchquert im Traum unbeschadet den Ursprung der Zeit, Genesis und Apokalypse. Er kann imaginär, mit der Kraft seiner Poesie, immer und überall sein, weil er den Zusammenhang kennt, weil er verstanden hat.

Er verwandelt sich in einen Stier und dann in Regen. Er schwängert als Regen die Frauen, wenn sie den Duft des Regens einatmen, denn er ist zwar der Regen, aber gleichzeitig auch die Hoffnung auf frisches Gras und große Jagd. So schwängert er die Frauen, als Geist, der das Leben vor sich hertreibt.

/Kabbo erzählt, wie Menschen und Regenmacher unter Felsüberhängen saßen und hinauf zum Himmel schauten: „/Kaunu schlug die Bogensaite, dann stiegen die Wolken auf, während wir schliefen. Als die Leute erwachten, hatten die Wolken den Ort bedeckt. Die Sonne war verdunkelt. Dann wurde der Regen dicht wie eine Decke. Es regnete in Strömen bis zum Sonnenuntergang. Der Tag brach an und es regnete immer noch. Wir anderen schliefen. Doch der Regenmacher saß da und strich den Bogen, während wir schliefen. Im Schlaf hörten wir den Klang des Bogens. Es war ein Zauberton."

Regenfront im Ahaggar. Atakor-Massiv unterhalb des Assekrem.

Heike probiert schon einmal den Status „Herrin des Zeltes".
Ahaggar 1998. Bei den Hirtinnen oberhalb von Terhenanet.

Im Ahaggar beginnt die Regenzeit – wenn es sie denn geben sollte – zwischen Juli und August. 1998 war ich bei Ahmed ag In Chikat in Terhenanet im Atakor. Seit meinem letzten Besuch vor etwa zehn Jahren hatte sich dort einiges verändert, es gab zwar noch ein paar der traditionellen *seribas*, doch jetzt fast nur noch neuere Lehmhäuser mit Wellblechdächern, unter denen es brütend heiß war. Ein Stromaggregat röhrte im Hintergrund. Doch das Dorf selbst wirkte wie ausgestorben. Deshalb schlug ich Ahmed vor, zu einem Lager oberhalb des Ilamane zu gehen, dort sollten zwei Hirtinnen aus dem Nachbardorf Ziegen hüten. Erstens wäre das amüsanter als hier im Dorf und natürlich hoffte ich auf Fotomotive. Ahmed wollte anfangs nicht so recht, wir sollten lieber den Toyota reparieren. Doch der war ohne Ersatzteile nicht zu reparieren, was Ahmed schon früher nicht einsehen wollte. Ich sei eben kein *sorcier*, sagte ich gereizt, denn dann könnte ich auch gleich den Regen machen. Ahmed murmelte: „On sait jamais." Jedenfalls zogen wir am nächsten Tag gegen Morgen los und der Toyota blieb da, wo er seit Jahren stand. Unbehelligt.

Gegen Abend waren wir im Lager bei den Hirtinnen. Deren Zelt dort bestand aus einer hellgrünen, ehemaligen LKW-Plane auf stabilen Pfosten. Die Ziegen verteilten sich als schwarze Punkte zwischen den Felsen. Wir richteten uns ein, tranken Tee, gesäuerte Ziegenmilch und genossen den Abend in 2.500 Metern Höhe.

Am nächsten Tag war der Himmel bedeckt und graue Wolkenfetzen fegten ziemlich unfreundlich fast in Augenhöhe durchs Tal. „Heute Nacht gibt es Regen." Ich sagte das ganz locker. Tatsächlich begann es in der Nacht leicht zu nieseln. Am Morgen setzte ein regelrechter Landregen ein. Der erste seit Jahren.

Ohne das nun weiter zu kommentieren, schlachtete Ahmed eine Ziege. Um uns herum gigantische Felsen, das Gemecker und Geblöke der Tiere, der schlüpfrig-feuchte und vom Kot der Ziegen weich federnde Boden. Ahmed sagte nichts. Sein Gesicht war ernst. Am anderen Tag floss das Wasser im *oued* bereits als kleiner Bach und in einer Höhle sammelte es sich zu einem metertiefen *guelta*. Wir saßen unter den Felsüberhängen, froren in der Nässe und schälten Zwiebeln für die Suppe. Das Feuer qualmte und die Kälte kroch langsam durch den ganzen Körper. Aber es regnete. Es regnete die ganze Nacht und den nächsten Tag bis zum Morgen.

Mond, Stier & Wiedergeburt. Im Messak Settafet gibt es beeindruckende Bilder von Stieren, denen man ansieht, dass sie mehr sind als lediglich schöne Bilder von beeindruckenden Tieren. Der im ausgehenden Paläolithikum und sehr lange danach weit verbreitete Stierkult war direkt mit dem Mondkult verbunden und umfasste Fruchtbarkeit, Geburt und Wiedergeburt, auf der Erde, nicht im Himmel! Aus dem Mond- und Stierkult entstanden der Kalender mit achtundzwanzigtägigen Monaten und das Jahr mit dreizehn Monaten. Zeit wurde dem Menschen im Reflex des Mondes anschaulich und damit als kosmischer Ursprung bewusst.

Die alten Griechen übernahmen von den Primitiven die Stiersymbolik und verwandelten den Stier in Zeus, der später die Göttin Aschera heiratete und die schöne Europa raubte. Die Bibel übersetzt schließlich EL, den phönizischen Stiergott, mit Gott. Wenn die Propheten am Hofe der Könige Israels bei bestimmten Ritualen Zaubersprüche für den Sieg über die Feinde ausriefen, trugen sie Stiermasken. Das Goldene Kalb Horus wurde von Isis geboren und von den Israeliten unter Aaron angebetet. Dieser Gott war auf der Erde Stier und in der Erde - nach seiner Metamorphose, als Wiedergeburt - Schlange. Das Symbol der Spirale, das dem der Schlange und der kosmischen Zeit entspricht, fanden wir zusammen mit dem Stier in Tin-Terhert.

Die Symbolik von Hörnern, Schlangen und Spiralen war Zeichen für ein- und dieselbe Sache. Bei den Stieren kam es nicht allein darauf an, dass sie starke Tiere waren, sondern dass sie Hörner hatten, die als Zeichen gesehen wurden, die magisch-symbolisch mit den Hörnern des Mondes gleichgesetzt wurden. Die auf- und abschwingende Spirale symbolisierte den Mondzyklus. Der Zauber, die Verknüpfung, bestand darin, dass man über diese Symbole Bewusstsein vom Gang der Welt bekam und sie dadurch besser verstehen konnte. Das ist zwar vom heutigen naturwissenschaftlichen Standpunkt nicht immer so nachzuvollziehen, doch das spielt keine Rolle; denn der Mensch verbindet sich mit der Welt nicht über Wissen. Im Gegenteil, durch Wissen distanziert er sich von der Welt, er macht sie zum Objekt.

Zauber besteht darin, dass der Mensch in der Lage ist, auch das Unwahrscheinliche mit dem Wahrscheinlichen zu verbinden. Das gelingt ihm durch Synthese seiner Wahrnehmung, die er obendrein noch reflektiert. Um zu verstehen, benötigt der Mensch deshalb den Glauben, die Wahrnehmung des Geistigen, weil das Unbekannte immer überwiegen wird. Primitive stehen naiv am Anfang der Kultur, sie wissen wenig und müssen deshalb sehr viel mehr glauben. Sie erfahren Welt, Zeit und sich selbst als eine in sich geschlossene Wirklichkeit, völlig anders als wir, die wir – wie Henrik Ibsen es einmal sagte – Entwicklung nur als ein „Taumeln von einem Irrtum zum anderen" kennengelernt haben.

Der Stier wird durch seine griffige Symbolik zum bevorzugten Opfertier, aus ihm steigt das neue Leben als Regen und Fruchtbarkeit auf. Im Opfer wird diese Symbolik spirituell verwirklicht.

In vielen archaischen Kulten ist das heute noch lebendig. Bei den Kabylen, so schreibt die Ethnologin Makilam, darf nur das Fleisch eines geopferten Tieres gegessen werden und das darf niemals weiblich sein. Die Himba, im Norden Namibias nomadisch lebende Hirten, opfern beim Tod eines Häuptlings Stiere, deren Fleisch später in einem orgiastischen Gelage von der Gemeinschaft verzehrt wird. Das gemeinschaftliche Fressen ist wichtig, damit nach dem Tod des Häuptlings der Stamm nicht auseinanderfällt.

Die Schädel mit den gewaltigen Hörnern werden nach der Zeremonie über dem Grab des Häuptlings gestapelt, und je bedeutender ein Häuptling war, desto mehr Stiere werden geopfert und entsprechend viele Rinderschädel über seinem Grab aufgehäuft. Der Geist des Häuptlings kann nun über die spirituelle Kraft dieser Opfer zu den Ahnen gehen und von dort das Treiben der Nachkommen betrachten, das Schicksal mitbestimmen, für Regen sorgen, aber vor allem kann er jetzt wiedergeboren werden.

Stierkult bei den Himba.
Namibia 1998.

Tassili. Wadi Edjerion bei Djanet. Terarart. Stierkult.
Größe 2,20 m x 4,80 m.

Tassili. Jabbaren. Stierkult.
Größe ca. 0,25 m x 0,75 m.

Fezzan. Wadi Mathendoush Ost. In Habeter III. Ausschnitt. Größe ca. 90 cm x 50 cm.

Linke Doppelseite:
Fezzan. Wadi Mathendoush.
In Habeter III. Totale.

Ausschnitt.
Größe ca. 60 cm x 45 cm.

Tel-Isaghen I. Stierkult (Bubalus).
Größe ca. 1,20 m x 1 m.

Tasilli. Sefar. Stierkult.
Besonderheit: Nebeneinander liegende Augen.
Größe des Stiers ca. 1,30 m x 2,50 m.

Ausschnitt Mitte. Antilope. Nächste Doppelseite:
Ausschnitt rechts. Tanzende. (Rundkopfperiode).

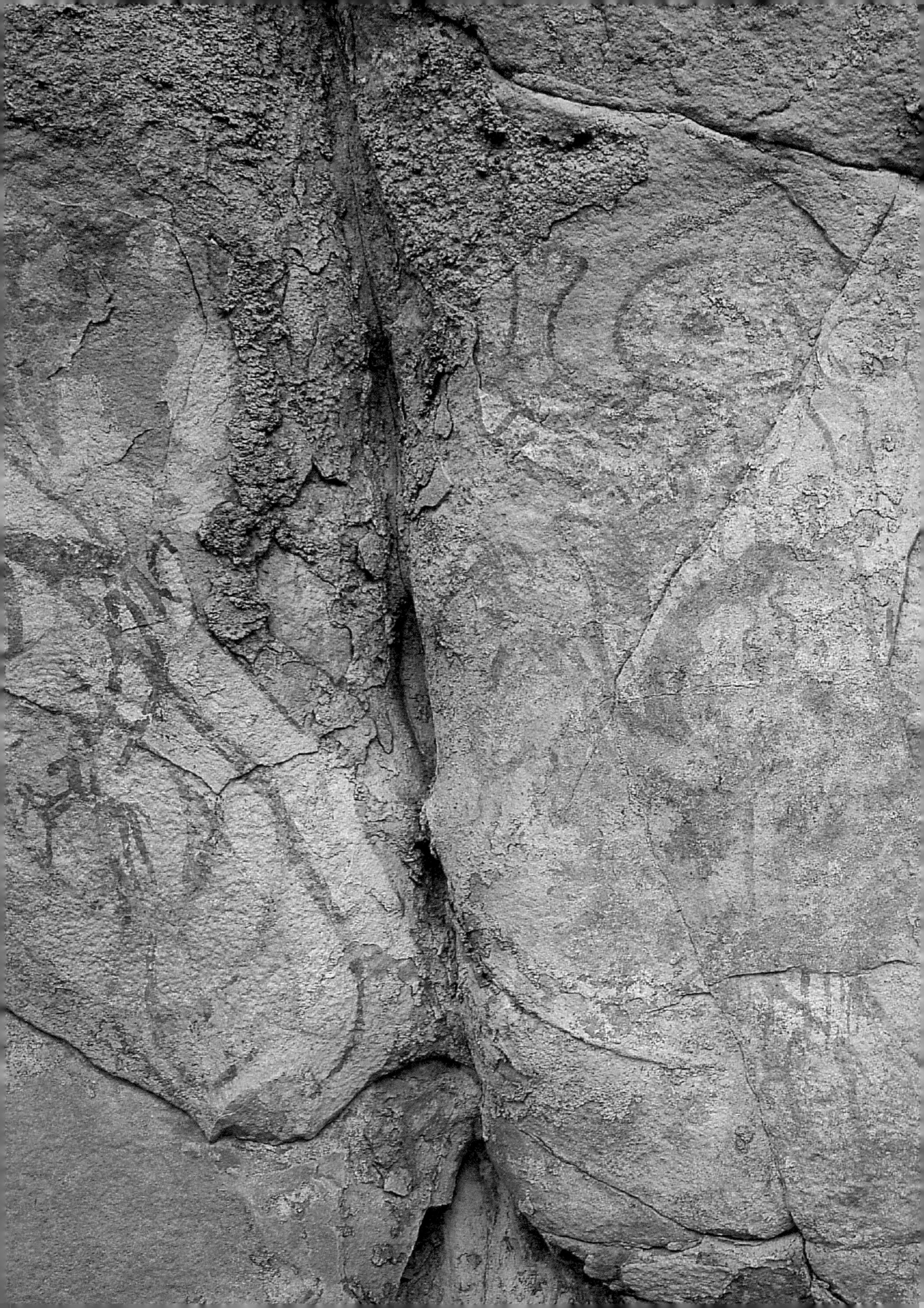

Tassili. Ti-n-Tazarift. Schwimmer.
Größe ca. 1,50 m x 5,80 m.

Tassili bedeutet „Stufenland der Flüsse". Diesen Namen bekam das bizarr erodierte Felsplateau in der Südsahara von den Tuareg. Doch als die Tuareg vor etwa tausend Jahren die Tassili erreichten, war hier bereits alles Wüste und in den Tassili selbst gab es keinen einzigen wasserführenden Fluss mehr. Wasser hatte über Jahrmillionen hinweg jedoch dieses Plateau zerrissen und zerklüftet.

Ob die Maler der Felsbilder hier häufiger als nur sporadisch Wasser fanden, glaube ich kaum. Dass sie diese unwirtliche Gegend aufsuchten, um dort ihre Bilder zu malen, konnte nur einen spirituellen Grund haben. Walter Benjamin ist denn auch der Meinung, dass die Felsbilder nicht für ein breites Publikum gemacht wurden, sondern ausschließlich für die Geister. Geister bevorzugen immer den geheimen Ort. Es war wohl mehr die Abgeschiedenheit der Tassili, die die malenden Schamanen und Regenmacher anlockte. Das ist der eine Gedanke. Der andere ist, dass man den Geist des Wassers dort beschwor, wo einmal Wasser seine Spuren hinterlassen hatte.

Da jede Eiszeit des Pleistozäns für den Norden Afrikas eine Pluvialzeit war, erlebte die Sahara Teile der Altsteinzeit als Regenzeit und damit auch als sicheren Lebensraum. Noch weiter zurück, in den Feucht- und Trockenzeiten des Quartärs, entstanden die riesigen Flusstäler Saura, Tilemsi, Ighaghar, Asauak und Tafassasset. Das waren zum Teil breit ausfächernde Flüsse, die schließlich in Lagunen verdunsteten oder in Senken versickerten; aus ihren angeschwemmten Sandmassen entstanden später die Dünen.

Tafassasset ist möglicherweise in den Atlantik gemündet, dort, wo heute das Niger-Delta ist.

Für die Primitiven war Wasser nicht H_2O, sondern die Verwirklichung des Geistes. Primitive denken anschaulich, in Gestalten anstatt in Begriffen. Dieses gestalthafte Denken ist der Schüssel für ihr Weltbild und der Hintergrund ihrer Kunst und Religion. Um an reales Wasser wieder heranzukommen, es herbeizulocken, musste der Mensch eigentlich nur an den Ursprung des Wassers herankommen, an den Geist des Regens. Doch wo konnte dieser Geist sein? Wie konnte man ihn fassen? Wie seine Gestalt finden und sein Wesen?

Nach ihrer Logik war dieser Geist dort suchen, wo er sein Wesen trieb, wo er sich versteckte, entweder in der Nähe der Orte, wo Wasser einmal gewesen war, oder aber in seiner Verwandlung: im Tier, in einer anderen Gestalt. Denn das war es: Ein- und dasselbe Wesen konnte verschiedene Gestalten annehmen. Analog konnte der Geist des Wassers deshalb auch im Bild des Tieres sein, denn zwischen Bild und Darstellung wurde im primitiven Weltbild – das die Dualität Subjekt-Objekt nicht kannte - nicht unterschieden: Das Bild trug den Geist in sich, das Wesen. Das Bild eines Tieres konnte deshalb den Geist des Regens enthalten und damit den Ursprung des Regens. Man glaubte in jener Zeit an spirituelle Kräfte ähnlich stark, wie wir heute an die Kraft des Wissens glauben.

Wir begegnen hier einem Weltbild, das dem naturwissenschaftlichen einfach allein deshalb nicht entsprechen kann, weil es keinen physikalischen Hintergrund hat. Das sollte uns nicht weiter verwirren, denn die archaischen Metaphysiker wollten sicher nicht zum Wasser wie ein heutiger Brunnenbauer. Ihre Bilder sind nicht als eine praktische Suche nach Wasser allein zu verstehen; vielmehr ging es um Zusammenhang und Verstehen, dies geheimnisvolle Etwas, das man später „Wahrheit" nennt. Wenn dadurch die Quellen wieder fließen sollten, hätte man nichts dagegen gehabt und sich mit einem Opfer bedankt. Es waren also zwei Wege. Die Suche nach Wasser wird zur Suche nach Ordnung und Zusammenhang.

In der archaischen Magie wird das Felsbild Mittel zum Dialog mit dem Geist. Da werden irgendwann diese vielen übermalten Bilder zu einem Wispern aus der Zeit. Und der unsterbliche Geist zieht uns in seine weiten Räume. Die Nacht wird zum Schatten des Löwen, der Zauberer läuft durch die Nacht und der Löwe zerreißt den Zauberer. Zeit und Wirklichkeit sind gefangen in den Schatten aufschwirrender Vögel.

Zeit der Krokodile und Löwen. Man war in jener Zeit der frei schweifenden Geister nie sicher, ob nicht in einem Tier, in einer Pflanze, in einem Berg und vor allem also am Wasser ein verwandelter Mensch, ein Zauberer, ein Geist oder gar das höhere Wesen selbst lebte. Menschen und Tiere hatten ja alle einen gemeinsamen Geist in sich ständig verwandelnden Gestalten. Deshalb kam es den Zauberern darauf an, diesen gemeinsamen Geist zu beschwören und sich mit ihm zu verbinden, denn nur so konnte er sich mit den Tieren, mit der ganzen Erde verbinden! Und die Gestalt wählen! Deshalb durfte auch nicht gegen den gemeinsamen Geist gehandelt werden. Da aus dem Zeichen der Geist immer wieder neu entstehen konnte, lebte der Geist fort. Da der Zauberer den Geist beherrscht, lebt der Zauberer in seinem Zauber fort, sagen die Khoi-/Xam.

Der große Geist, der alles miteinander verband und dadurch das Leben möglich machte, war für die Khoi-/Xam der Geist des Wassers. Dieser Geist war ein Mysterium, denn er konnte immer und überall sein und sich ständig in alles verwandeln. Wo er nicht war, da war der Tod. Da der Tod unheimlich war, wurden alle Dinge, die der Tote jemals besessen hatte, verbrannt.

Neben dem Wasser war der Mond das große Zeichen. Er zeigte den Gang für Wandlung und Verwandlung an, Schritte und Maß der Zeit. Wasser und Mond waren demnach Zeichen und Wesen eines großen Geistes. Diesen großen Geist konnte man an den Übergängen von Wasser und Erde, an den Ufern der Flüsse und Seen erfahren und gelegentlich auch fassen. Man sah ihn in seinen Botschaftern, den Tieren, die zwischen Erde und Wasser lebten. Das wichtigste Tier war dabei die Schlange. So wurde die Schlange zum Fruchtbarkeitssymbol. Sie lebte zwischen Wasser und Erde, glitzerte wie das Licht, konnte sich verwandeln, war sichtbar und doch unfassbar wie die Zeit.

Dann waren da noch die großen Echsen, die aus einer anderen Zeit stammten. Der Geist des Wassers, der der älteste Geist war, verwandelte sich deshalb häufig in ein Krokodil. In diesem Tier lauert die Schläue aus Jahrmillionen! Auch das Krokodil lebte im Hybriden, zwischen Wasser und Erde, und wurde deshalb zum heiligen Tier.

Aus diesem Weltbild entstand das Gefühl der Verantwortung und ethisches Bewusstsein. Wenn die Khoi-/Xam eine Antilope, gar ein Elen jagen wollten, dann waren dazu umfangreiche Rituale notwendig, um zu verhindern, dass der Geist des Tieres nicht anschließend den Jäger verfolgte, an ihm Rache nahm und ihn seinerseits tötete. Die Jagd war nicht nur real gefährlich, sondern barg darüber hinaus metaphysische Risiken, die den Menschen durchaus bewusst waren. Wenn der Primitive ein Tier tötete, dann empfand er den Geist des Tieres körperlich, spätestens dann, wenn Blut floss. Er war sich darüber im Klaren, dass er in das Regelwerk der Natur eingriff. Ein Tier reflektiert nicht.

Fezzan. Mathendoush.
Hymne an den großen Geist des Wassers. Magie in höchster Vollendung!

Der Hyäne zum Beispiel ist es völlig gleichgültig, wen sie gerade auffrisst. Doch das gilt nicht für den Menschen, der durch die Fähigkeit zu Sprache und Denken außerhalb des natürlichen Regelwerks steht und sich seine Grenzen selbst setzen muss. Das ist letztlich sein Problem.

Der Ethnograph L. Schultze berichtete 1909 von der Hetzjagd eines Buschmanns aus der Namib, der völlig nackt, nur versehen mit zwei Wassersäcken aus Mägen von Gemsböcken, eine Antilope verfolgte und über Tage hinweg zu Tode hetzte. Interessant ist in diesem Zusammenhang nicht nur die Vorstellung von der Kondition dieses Jägers, sondern auch eine besondere Bedingung. Vorher durfte „selbst auf die Wassersäcke nicht einmal der Schatten einer Frau fallen". In anderen Jägerkulturen durfte der Mann vor der Jagd niemals mit einer Frau schlafen; sie hätte – unbewusst, über eine innere Verbundenheit mit dem Geist der Tiere! - den Jäger verraten können.

Der Glaube an die Wirklichkeit der Seele, an den universalen, unsterblichen Geist, wird in einer anderen Vorkehrung bei der Jagd deutlich. Diese bestand bei den Khoi-/Xam darin, dass der Jäger nicht selbst das vom Giftpfeil getroffene Elen verfolgen durfte, denn der Geist des Tieres hätte ihn wiedererkennen und sich rächen können; andere – unbeteiligte - Jäger verfolgten das Elen. Später achtete man beim Zerlegen des Tieres darauf, keinen einzigen Knochen zu zerbrechen; denn nur mit unversehrten Knochen könnte das Tier wiedergeboren werden. So bleibt, nach Lebzelter, das Heil bestehen.

Bilder und Namen waren beseelt, denn der Name war der ausgesprochene Geist. Daher rührt die magische Kraft der Namen. Bei den Khoi-/Xam darf man den Namen des Löwen nicht laut aussprechen, nur der erfahrene Jäger darf das, doch auch der wird sich hüten. Kindern und Uneingeweihten waren nur Andeutungen erlaubt. Der Löwe war, im Sinne des Analogiezaubers, demnach nicht nur ein Tier, er konnte gleichzeitig auch der Löwenzauberer selbst sein! Denn der Zauber ist immer auch der Zauberer selbst und der ist *always and everywhere*. Und unsterblich!

Der Löwe beherrschte die gesamte archaische Welt, und deshalb versuchten später alle Zauberer, halb Mensch und halb Löwe zu sein. Ursprünglich war der Löwe der König der Welt, also das Wesen, dessen Stelle später der Mensch einnehmen sollte.

Bei Tsumkwe in Namibia hatten wir einmal unter einem riesigen Baobab unser Lager aufgeschlagen und kochten gerade Tee, zu dem wir auch einige /Heiom-Buschmänner, die gerade vorbeikamen, einluden. Wir tratschten über dies und das auf Englisch und es war richtig gemütlich. Als die /Heiom dann bei Sonnenuntergang ziemlich hastig aufbrachen, erwähnten sie eher etwas beiläufig, dass hier ein paar Löwen wären, wir sollten vorsichtig sein und nachts möglichst keine Spaziergänge mehr machen. *"And keep the campfire burning!"* Aus der beschaulichen Landschaft um den erhabenen Baobab herum wurde schlagartig lebensgefährlicher Busch. Wir hörten ständig um uns herum etwas knacken und verbrachten die halbe Nacht im Halbschlaf sitzend im Land-Rover. Löwen waren zwar weit und breit nicht zu sehen, doch wir fühlten uns irgendwie belagert. Durch den Geist des Löwen in unseren Köpfen?

Wir Menschen aus der Zivilisation können Wildnis nicht mehr als das sehen, was sie wirklich war und da und dort noch ist: das sich selbst regelnde Chaos der Natur, das ständige Werden. Für uns ist Wildnis ein mehr oder weniger durchorganisierter Freizeitpark, in dem wir ein nostalgisches Schauspiel erleben können: Natur. Deshalb verstehen wir auch den Löwenzauberer, den Löwenmenschen und alle diese mystischen Wesen, den Analogiezauber vor allem, nicht, weil wir – um das alles zu verstehen - unseren gewohnten Standpunkt aufgeben müssten.

Im magisch-mythischen Weltbild der Khoi-/Xam, das aus der Wirklichkeitserfahrung der Wildnis entstand, ist der Löwe Symbol für Feuer, für den bösen Geist der Unterwelt, für die Hitze der Sonne, die das Land verbrennt, und deshalb verbindet der Buschmann mit diesem Symbol Hunger, Durst und Tod. Für ihn ist das Licht nicht Symbol eines Gottes, im Gegenteil. So ergeben sich aus verschiedenen klimatischen Bedingungen eben verschiedene Götter.

Dass auch ein gut kontrolliertes Reservat durchaus noch Wildnis mit eigenen Gesetzen sein kann, zeigt folgende Geschichte: In Okaukuejo (Etoshapfanne Namibia) gibt es eine Wasserstelle, wo Touristen Wild beobachten und zuschauen können, wie zum Beispiel Löwen Beute machen. Das dauert manchmal länger und so hatten drei Männer aus Südafrika es sich auf einer Bank in der Nähe gemütlich gemacht und auch einige *sixpacks* Bier geleert. Schließlich schliefen alle total besoffen ein. Am anderen Morgen fehlte einer. Seine Abwesenheit war endgültig. Ein Löwe war über den verhältnismäßig niedrigen Zaun gesprungen und hatte sich ihn geholt. Der Weg des Löwen zurück in seine Wildnis konnte an Stücken vom Körper des gerissenen Touristen noch eine Strecke verfolgt werden. Dann verloren sich die Spuren. „Er ist der, der den Tod bringt." So sagt man bei den Khoi-/Xam, wenn man den Löwen meint.

Sie schätzen den Löwen als so mächtig ein, dass sie ihm zutrauen, sogar in die Regeln des Kosmos' einzugreifen. Mit seiner Pranke, so erzählen sie, könne der Löwe sogar eine Mondfinsternis machen!

Mathendoush. Löwen.

Kunst ist – wie viele Atavismen – kryptisch, aber nicht unbedingt immer mysteriös. Allerdings ist Kunst nicht wissbar. Wann sie entstand, etwa dadurch, dass ein sakrales Ritual in ein profanes verwandelt wurde, und wodurch und inwieweit die alten sakralen Ursprünge noch heute in Kunst enthalten sind, ist schwierig zu bestimmen und würde hier zu weit führen; wichtig ist allein zu wissen, dass Kunst Wurzeln in den allerersten spirituellen Zeichen hat, aus deren ikonographischen Struktur die Grundlage unserer anschaulichen Sprache entstand. Ohne diese Bilder und Zeichen hätte unsere Sprache einen anderen Geist und wir hätten sicher andere Bilder in unserer Sprache.

Wenn man vom Sinn der Kunst spricht, ist es Voraussetzung, sich darüber im Klaren zu sein, dass Kunst entstand, als man nur sinnliches Denken kannte, das über das Setzen von Zeichen mit den Händen und geführt von Sprache entstand. Sinn ergibt sich demnach aus dem Sinnlichen, dem Anschaulichen. Kunst kann – von ihrem Ursprung her – folglich keinen Zweck haben, sondern nur Sinn.

Angesichts der hohen Kosten für diesen Sinn aus der Kunst wird gelegentlich gefragt, ob man denn Kunstwerke heute tatsächlich brauche? Nun, man braucht sie auf den ersten Blick nicht, doch umso mehr auf den zweiten. Denn: Verzichtet der Mensch auf die Rückbindung an den Geist des Ursprungs der ersten Zeichen, die Kunstwerke vermitteln, dann verliert er sich in der Weite der Zeit, weil er seinen Ausgangspunkt vergisst. Kunst macht so die Spannung der Verhältnisse von Leben und Zeit sinnlich erfahrbar, und zwar dadurch, dass sie die Erinnerung an den Ursprung immer wieder neu mit der Gegenwart verbindet und dabei abstrakte Zeit in anschaulichen Raum verwandelt. Das mag ein Grund dafür sein, dass uns die Kunst der Primitiven berührt, denn in ihr ist der ursprüngliche Geist authentisch und die Spannung zwischen ihm und uns entsprechend hoch und damit faszinierend vor allem in seiner Weiträumigkeit.

Masken, Felsbilder, Einkerbungen im Fels - alle diese relativ einfachen und eigentlich gar nicht kunstvollen Spuren des Anfangs von Kultur - haben den Sinn, das von uns dumpf empfundene unsichtbare Wesen, das in jedem Ding und in jeder Tatsache lauert, das eigentlich alles bewegt, aufzuspüren und sichtbar zu machen. Dieses Wesen ist die Verwandlung und so gibt es keinen Status, kein sicheres Ziel. Kunst verwandelt dieses unbewusste Empfinden in ein bewusstes und bringt uns einer übergeordneten Realität näher.

Während nun die heutige Kunst ein Dasein führt, das vor allem Spezialisten interessiert, war die rituelle Kunst der Primitiven in deren Leben integriert. Ihre Kunst ist exemplarisch (Sinn) und kein ästhetischer Selbstzweck (Dekoration).

Kunst wird seltsamerweise auch von den Erfolgreichen unserer anscheinend materialistisch geprägten technischen Zivilisation begehrt, in der Geld zum wichtigsten Äquivalent für Energie und Möglichkeiten geworden ist. Die Anhänger des Geldes haben dafür gute Gründe. Denn der Geist des Geldes – natürlich auch das Geld selbst - ist extrem flüchtig und keinesfalls wertstabil. Um in der Zeit zu bleiben, geht deshalb sein Geist, der Geldwert, in den Geist der Kunst, der bleibend ist, allein, weil er nicht materiell ist. Dabei verwandelt sich dann auch einiges. Kunst gewinnt ihre alte Zauberkraft wieder und stabilisiert die Zeit nicht mehr dadurch, dass sie sakrale Zeichen setzt und darin die Gegenwart andauern lässt, sondern dadurch, dass sie das Geld heiligt, indem sie den Geist des Geldes, den Geldwert, adoptiert und ihm dadurch einen andauernden Wert gibt. Kunst führt hier also eine Verwandlung durch - Zauber! Im Gegenzug gewinnt Kunst ihren ursprünglich sakralen Charakter zurück.

Der Kauf eines Kunstwerks wird dabei zum Ritual, das Museum zum Tempel, denn Kunst nimmt Geld seinen profanen Charakter. Das geschieht auch hier, wie bei allen sakralen Handlungen, durch ein Opfer. Denn dass sich Geld an die an sich materiell völlig wertlose Kunst hingibt und damit sein ursprüngliches Wesen aufgibt, nämlich keinen eigenen Wert mehr zu haben, sondern nur Gegenwert zu sein, dadurch allerdings als metaphysischer Wert in der Zeit bleibt, ist seine einzige Möglichkeit, sich vor dem Untergang in der Zeit zu retten. Geld hat, da es alle Namen hat, keinen Namen. Es ist relativ. Über die Kunst wird es unverwechselbar, einmalig.

Geld, nun in ein Kunstwerk verwandelt, gewinnt also einen völlig neuen, ja, transzendenten Raum und damit exemplarische Identität. „Alles, was vom Menschen bleibt, ist seine Kunst", sagt Claude Lévi-Strauss. Deshalb hängen in allen Banken Kunstwerke! Diese Metamorphose ist natürlich nicht ganz billig. Und das Geld ist zwar weg, hat aber einen höheren Sinn bekommen!

Roger Friedland misst Geld „durch sein numinoses, aus- und eingehendes, kaum je zu fassendes Wesen" denn auch eigene religiöse Züge bei. „Geld wird zum ständig expandierenden universalen Äquivalent, das sich in alle Dinge verwandeln kann, sogar in niemals identische Dinge." Friedland zitiert Georg Simmel: „Geld und Gott markieren beide eine abwesende Gegenwart, das in Wirklichkeit erfundene Zentrum unseres gesellschaftlichen Universums."

So vereinen sich schließlich die Transzendenzen der christlichen Religion, des diskursiven Denkens und der Geldwirtschaft im archaisch-immanenten Geist der Kunst.

Fezzan. Tel Isaghen I. Maskentänzer und Stierkult.
Größe ca. 1 m x 0,80 m.

Tel Isaghen liegt im Messak Settafet, das ist im Fezzan und der liegt tief im Süden Libyens. Da halten einen die Polizisten schon mal an, um sich über „Bayern München" und andere Dinge, die sie noch so bewegen, zu unterhalten. Der Fezzan besteht aus Steinen und Sand. Straßen gibt es keine.

Wir fahren seit einigen Stunden im Untersetzungsgetriebe und langsamer, als ein Fußgänger geht, und beobachten dabei aus dem Fenster des Land-Rovers jede Radumdrehung, die uns wie in Zeitlupe über Felsbrocken so groß wie Bierkästen hebt. Der V8 läuft gewohnt ruhig, doch das Auto hat mehr Teile als nur den Motor, und da wir von diesem Gerät vollkommen abhängig sind, leiden wir bei jedem Knacken von Federn und Fahrgestell sichtlich mit.

Am späten Nachmittag erreichen wir ohne Panne Tel Isaghen. Das Licht spielt im Felsenchaos und *hamdullila* läuft alles *mafish mushgida*. Irgendwie zufrieden, wie aus eigenem Entschluss, bleibt der Wagen an einem ausgemacht schönen Lagerplatz stehen und wir lassen es für heute genug sein.

Mohammed, mein Gewährsmann, Führer und inzwischen auch technischer Assistent, verteilt Schlafsäcke und Equipment gleichmäßig über das *wadi*, hängt die *girba* ans Gitzo-Stativ und kocht dann Tee, eine rituelle Handlung, die den Tag einleitet, öfter unterbricht und beendet.

Tel Isaghen ist nicht etwa ein Dorf oder gar eine Stadt. Die Tuareg haben den Ort so benannt, weil bei ihnen jeder größere Platz einen Namen hat. Tatsächlich besteht Tel Isaghen aus gigantischen Felstrümmern, die in einem Tal herumliegen, das einmal ein reißender Fluss war.

In Europa wurde Tel Isaghen dadurch bekannt, dass Heinrich Barth 1850 hier das Felsbild eines Maskentänzers entdeckte und in seinem Reisebericht veröffentlichte. Achtzig Jahre später forschte Leo Frobenius im Fezzan methodisch nach den Resten von Atlantis und fand dabei so viele Felsbilder, dass schließlich der Fezzan fast zum endlich entdeckten Atlantis wurde. Ich darf mich jetzt dem Gefühl hingeben, den Spuren dieser berühmten Forscher immerhin bis hierher gefolgt zu sein.

Ein Blick über die Gesteine bis zum Horizont und der anschließende Vergleich auf der Karte zeigen, dass alle diese Schluchten und Täler einmal Flüsse waren. Von Djerma im Norden bis zum Tehi-n-Tilemsin im Süden gibt es über fünfzig solcher Täler, die stark verästelt, teilweise auch recht breit den Messak von NO nach SW durchziehen und zerklüften. Im NO fällt das Gebirge steil ab, im SO läuft es sanft ins *wadi* Berjudj aus. Der ansonsten flache Messak liegt zwischen den Dünenwüsten von Ubari und Murzuk wie ein steinerner Riegel, der im Laufe der Jahrmillionen von der Sonne schwarz verbrannt wurde. Daher auch sein Name *settafet*, der „schwarze". Diese Schwärzung geschieht dadurch, dass Eisen und Mangan, ähnlich einer schützenden Pigmentierung, ausgeschwitzt werden. An der Dichte dieser Schwärzung kann man unter anderem das Alter der Ritzungen feststellen, je nachdem, wie die ursprünglich helle Ritzung nachgedunkelt ist.

Aus den Flüssen sind trockene Täler geworden, doch das kann sich immer wieder einmal ändern. Auf einem Foto von Leo Frobenius aus dem Jahre 1930 steht das *wadi* In Habeter voll Wasser. Auch Bilder aus den letzten Jahren zeigen Saharafahrer bis zum Hals im Wasser beim Badevergnügen. Dass vor 30.000 Jahren hier bedeutende Wassermassen herunterkamen, ist sicher.

Nun entstehen derartig tiefe Täler aber selbst durch Wildwasserflüsse nicht in einigen Jahrtausenden; das muss im frühen Pleistozän, also vor etwa einer Million Jahren, begonnen haben, wenn nicht gar schon im Tertiär, also vor wirklich sehr langer Zeit.

Diese Bilder nun so zu fotografieren, dass das gewisse Etwas, eben der Geist darin, noch halbwegs zu spüren ist, war nicht einfach, denn wie soll man die Geister, etwas an sich Unsichtbares, überhaupt fotografieren? Bei Felsbildern, vor allem bei den Ritzungen, kann man keine Reproduktion wie im Museum machen, denn je nach Sonnenstand verändert sich die Plastizität des Eindrucks. Die Reliefs sind zwar graphisch, aber auch Teil eines Felsens und damit eigentlich Plastiken. Jedes Bild hat deshalb je nach Lichteinfall eine andere dreidimensionale Wirkung. Ein Foto bildet jedoch immer nur zwei Dimensionen ab. Das wird der Zauber nur bedingt mitmachen.

Leo Frobenius hat das sicher ähnlich gesehen, denn er sagt in seinem Bericht „Ekade Ektab", „dass Heinrich Barth als reiner Naturwissenschaftler mit dem „Lesen" solcher Werke ja noch nicht vertraut sein konnte." Und: „Alles in allem wird es notwendig sein, sich beim Eindringen in die tiefe Bedeutung aller dieser symbolhaften Darstellungen von unserer rationalistisch-realistischen Denkweise zu befreien und sich die Fähigkeit zu Schlüssen irrationaler Denkweisen anzueignen."

Das Stativ ist aufgebaut, die Pentax eingerichtet und bei Blende 22 und einer Sekunde werde ich jetzt versuchen den Geist einzufangen, sofern er das zulässt. Langsam schwenke ich zu den Giraffen, den „Vorboten des Regens", sie stehen so plastisch im Streiflicht, dass ich sie fast durchs Gras laufen höre. Hinter mir die Felsen, der weite Raum, waberndes Licht, bleierne Stille. Am Horizont ziehen dunkle Wolken auf, dichte, zusammengeballte, tiefliegende, fast schwarze Wolken. Die Giraffen schauen neugierig zu mir herüber. Schwer, wie in Zeitlupe, klatschen die ersten Regentropfen auf die Felsen.

Jeremy Keenan - Geograph und Ethnologe- traf ich 1971 in Tamanrasset bei Frère Antoine. Tam war damals ein verschlafenes Nest, die staubige Hauptstraße beschattet von dichten Tamarisken, in denen der Wind raschelte. Hin und wieder klapperte ein älterer Land-Rover vorbei. Jeden Morgen saßen wir bei Chergui Slimane am Straßenrand vor seinem Café und frühstückten lange und ausgiebig, jeder grüßte uns mit freundlichem Lächeln; es war so gemütlich in Tam, wie es später nie wieder sein sollte. Jeremy Keenan

Jeremy Keenan Ahaggar 1971

war gerade dabei, ein Buch über die Tuareg des Ahaggar zu schreiben, und Frère Antoine Chatelard von der Fraternité half ihm dabei. Antoine arbeitete noch beim Wasserwerk in Otoul, etwa zwanzig Pistenkilometer von Tam entfernt. Dahin schnurrte er jeden Tag mit einer blauen Mobylette und war in schwierigem Gelände praktisch unschlagbar, weil er dann die Mobylette mit Vollgas durch den Sand schob und in wehenden Tuareghosen nebenherlief. Jery hatte das große Lexikon von Charles de Foucauld dabei und war *really surprised*, dass die Tuareg ihn gelegentlich verstanden. Ich war überzeugt, die Tuareg konnten Jery und sein Tamashek nur deshalb verstehen, weil sie gut im Gedankenlesen waren.

Anyway, Jery musste aus beruflichen Gründen an Magie glauben, denn er war Ethnologe. Zur Kunst hatte er eine gewisse Distanz, was bei vielen Wissenschaftlern normal ist. Aber sonst waren wir gute Kumpel, denn ich verstand etwas vom Land-Rover und hatte vor allem einen; er kannte sich mit Land und Leuten aus, war durch Antoine gut eingeführt und hatte keinen Land-Rover.

Meine Rolle als Besitzer dieses Transportmittels war zwar wissenschaftlich unbedeutend, aber fürs Fortkommen unabdingbar. Die beiden hatten eben nur die Mobylette, auf der natürlich immer nur einer fahren konnte. Und das war Antoine, denn die Mobylette war sein Ein und Alles. Zudem war es für den langen Jery auf die Dauer auch nicht möglich, hinten auf der Mobylette zu sitzen, ohne die Beine über den Boden schleifen zu lassen.

Antoine überzeugte mich davon, dass ich den ganzen Ahaggar, Tuaregdörfer, Felsbilder, möglicherweise auch die Geister und noch mehr sehen und erleben würde. Einzige Voraussetzung wäre allerdings, ihn und Jery überall dahin zu fahren, wohin sie wollten. Selbstverständlich müsste ich auf meine Kosten tanken. Das sei so üblich.

Um Jeremy Keenan zu charakterisieren, will ich ihn zitieren. Von einer Reporterin gefragt: "What did you miss more in the desert, women or Beethoven?", antwortete Jery: "Beethoven, of course!" Ob sie ihm das abnahm, sei dahingestellt.

Die Durchführung einer Expedition ist nicht immer die reine Freude, weil sie nicht nur Planungen erfordert, die unter gewöhnlichen Bedingungen ziemlich seltsam erscheinen, sondern vor allem Geld verschlingt. Einfach einen neuen Land-Rover zu kaufen kam für mich deshalb nicht infrage. So restaurierte ich ein Jahr lang einen älteren Land-Rover 88, der vordem eine Pommes-Bude zu Wochenmärkten gezogen hatte. Ich hatte ihn bald teilzerlegt und die wichtigsten Aggregate in meiner 3-Zimmer-Mietwohnung übersichtlich untergebracht. Die Wand hinter meinem Schreibtisch in der Polysius AG Abteilung 540 tapezierte ich mit Afrikakarten, legte dann die Urlaubstage von zwei Jahren zusammen – das ging damals noch -, verschiffte mich übers Mittelmeer nach Algier und hatte bald jenen bei Forschern üblichen Fernblick. Es ging um Entdeckungen, um Selbstverwirklichung, um Visionen. Dabei kam es allerdings auch auf Kleinarbeit an. Deshalb sammelte ich verschiedenfarbige Sandsorten in Plastiksäckchen, die ich in einer Holzkiste verstaute. Später hatte ich dadurch prompt Ärger mit der algerischen Polizei, die mir unerlaubte Prospektion unterstellte. Immerhin erreichte ich Tamanrasset. Das war durchaus eine Leistung, denn auf der Piste von In Salah nach Tam fuhren pro Woche drei Autos, manchmal fünf, von denen höchstens eines Tam unversehrt erreichte. Jedem ankommenden Auto, das nicht sofort in die Werkstatt fuhr, wurde erstaunt nachgeschaut.

Algerien versuchte in jenen Jahren den arabischen Sozialismus zu verwirklichen und wie immer, wenn die Welt verbessert werden soll, wurde zuerst einmal alles schlechter. Ganz Nordafrika entwickelte sich unter jenen Bedingungen in einen einzigen Schwarzmarkt, vor allem für Devisen. Die Zöllner wussten das und warteten wie Raubvögel auf ihre Stunde; wir selbst ernannten Saharaforscher wussten, dass die Zöllner auf uns lauerten. Es lag ständig eine Spannung in der Luft, die kaum zu beschreiben war. Die Gefahr bestand deshalb nicht nur darin, sich in der Wüste zu verirren, sondern auch darin, von den Zöllnern aufgegriffen zu werden. Man wartete förmlich darauf, dass irgendwann aus dem Schatten einer Schirmakazie der gefürchtete weiß-graue Land-Rover der *douane* herausschießen würde. Die Frage nach der *déclaration des dévises* wurde zum saharischen Alptraum. Hinzu kam die Wellblechpiste. Die brutalste davon war die Hoggarpiste nach Tam. Und die Frage, warum man sich das alles antat, stand jeden Tag groß und trotzdem unbeantwortet im Raum.

Zwischen Spaten, Sandblechen, Kompass, Tagebüchern, einem Reservegetriebe, Zündverteilern und Handbüchern hatte ich auch – natürlich verbotene - Militärkarten dabei, von denen diejenigen, auf denen hin und wieder die Bezeichnung *unspoiled area* stand, mich natürlich besonders reizten. Es ging eigentlich nur um diese einsamsten Gegenden, die letzten weißen Flecken.

Und nicht nur um romantische Landschaften! Die postmoderne Gesellschaft gabs noch nicht, wir fuhren also nicht in Urlaub oder zu den Schönheiten der Natur; wir waren Entdecker, ganze Männer! Und wenn sich Saharafahrer begegneten, wurde die Frage: „Wo fährst du hin?" zur Frage nach Sein und Nichtsein innerhalb einer ungeschriebenen, aber doch sehr genau festgelegten Hierarchie.

Die Ernährung war – wie immer bei Forschern, die zum Ende der Welt wollten – einfach und kalorienreich: Ölsardinen direkt aus der Dose; als Gabel benutzte ich eine längere Speerspitze.

Aus jenen Jahren habe ich noch ein Schild als Andenken, 30 x 30 cm groß. Da steht schlicht „TAM 50" drauf. Das war das Zeichen der Hoffnung. Nur noch 50 Kilometer bis Tamanrasset! Dafür konnte man zwei Stunden und länger brauchen, aber dann war alles überstanden! Man kurvte zum Hotel Seriba, nahm das halbe Auto auseinander, zählte das knappe Reisegeld immer mal wieder durch und lag ein paar Tage ölverschmiert herum, immerhin in der Ferne, vor allem aber in Tam, am Ende der Welt! Obwohl das nichts für Jedermann war, war ich keineswegs allein. Es gab damals bereits eine gewisse Sahara-Szene und man kann davon ausgehen, dass jeder der Größte war. Das Schicksal wird sich amüsiert haben; jedenfalls ist den wenigsten, die damals in einer mehr oder weniger organisierten Panik durch die Sahara fuhren, jemals etwas zugestoßen, aus dem sie nicht halbwegs heil wieder herausgekommen wären. Wenn dann doch jemand gelegentlich umkam, meistens zwischen Tam und Assamaka, gehörte er wahrscheinlich zu jenen Optimisten, die vor lauter Übermut an der ungewohnten Freiheit des Raumes vergaßen, dass sie sich im Land der Geister befanden, denen man sich ohne Respekt nicht aussetzen sollte.

Heike, die mir in diese Gegend folgte, in der es keine anderen Möglichkeiten gab als entweder liegen zu bleiben oder gerade noch einmal davonzukommen, steuerte den alten 5-Tonner „Hanomag-Allrad-Gruppenkraftwagen" mit „2x Kuppeln-Zwischengas" und einer guten Handbreit Lenkspiel, der, je langsamer er wurde, umso beharrlicher durchzog, ebenso zielsicher durch den Admer Erg wie über die Ebenen von Tamesna. Der Hanomag war unsere „African Queen", denn bei Touren wie der von Tamanrasset nach Gao 1990 quer durch die Tuareg-Rebellion in Mali kamen wir uns wie im Film und doch sehr real vor, aber begriffen eigentlich alles erst so richtig, als wir es hinter uns hatten.

In der ozeanischen Wüste dachte Heike sicher manchmal an ihren Großonkel, den legendären Kapitän Roberto Miethe, der vor hundert Jahren mit Segelschiffen wie der Viermastbark „Pitlochry" 42-mal um Kap Hoorn geknüppelt ist, und sah sich zwar in einem anderen Element, aber doch in einer gewissen Familientradition.

Nun, mit der geglückten Ankunft in Tam hatte ich die erste Prüfung, die Materialschlacht auf der 700 km langen Hoggar-Piste, bestanden und durch Jery Keenan die Möglichkeit, auch das Innere der Sahara zu erleben. Deshalb erklärte ich mich mit allem einverstanden, betankte den Land-Rover, packte drei Kanister Wasser hinter die Sitze und war bereit. Jery schaute kurz ins Auto und fragte, ob wir denn nun endlich losfahren könnten. Ich antwortete knapp: "Of course!" und schon waren wir unterwegs. Es war etwa 11 Uhr vormittags, glühend heiß - Zeit der Geister!

Tamanrasset ist ein Phänomen. Diese Stadt in der Wüste ist deshalb auch keine Oase aus 1000 und einer Nacht mit Palmenwäldern, sich dahinwiegenden Kamelen, duftenden Gärten und Frauen, die mit dunklen Augen über dem Schleier durch die engen Gassen huschen. In Tam gibt es keine Palmengärten, dafür am Ortseingang ein Schild mit einem durchgestrichenen Kamel, das bedeutet: „Für Kamele verboten!"

Gelegentlich wird Tamanrasset auch das Chicago der Sahara genannt, denn als Auffanglager für Migranten aus dem Sahel hat sich eine bunt gemischte Bevölkerung ergeben. Und wenn auch nicht alle diese armen Teufel Banditen sind, so haben sie doch ohne Ausnahme einen starken Überlebenswillen.

Tam hat eine relativ kurze Geschichte. Am 11. August 1905 baute der Trappistenmönch Charles de Foucauld am *oued* Tamanrasset eine Lehmhütte. Am 1. Dezember 1916 wurde er dort erschossen.

Das erste feste Haus in Tam war also die Einsiedelei von Charles de Foucauld. Man nennt dieses Gebäude auch *le bateau*, weil es sehr lang und schmal ist. Der Grund war einfach: Man fand für die Dachkonstruktion keine längeren Äste. *Le bateau* ist heute für Franzosen eine der Hauptsehenswürdigkeiten von Tam.

Für Saharafahrer spielen die beiden Tankstellen eine wichtigere Rolle, weil mal die eine Benzin oder Diesel hat, mal die andere, mal beide nicht. Da Treibstoff häufig rationiert ist, fährt der Kenner gleich nach der Ankunft in Tam zum Tanken. Damit hat er bereits das Wichtigste erledigt. Im Winter ist es in Tam schnell dunkel und danach kalt und windig.

Jery dirigiert mich durch die Straßen, wir fahren am *bateau* vorbei, holen Antoine ab und verlassen Tam auf Schleichwegen. Das ist so eine Art Sport in Tam. Jeder fährt möglichst auf seinen eigenen, mehr oder weniger geheimen Fährten nach Tam rein und auch wieder raus. Die Hauptstraße wird praktisch nur von Touristen und vom Militär benutzt. Alle anderen, eben die, die sich auskennen, haben ihre eigenen Wege; die Gründe sind vielfältig: Möglicherweise will man noch wen besuchen, irgendwelche Besorgungen machen oder einfach nicht gesehen werden, Tuareg sind diskret. Nach einem verwirrenden Slalom sind wir dann endlich aus Tam heraus und in einem schönen, allerdings tiefsandigen *oued*. Sicher eine neue Abkürzung.

Die Temperatur im Wagen ist locker um 48 Grad. Wir sitzen zu dritt eng auf den vorderen Sitzen. Antoine direkt über dem Getriebe. Gelegentlich rülpst der kochende Kühler. Dann zucken wir alle. Antoine macht dann und wann orakelnde Handbewegungen, aus denen ich deuten muss, in welche Richtung es gehen soll. Während der Fahrt wird kein Wort gesprochen. Starr und stoisch blicken wir alle nach vorn. Nach einer guten Stunde sehen wir vor uns eine sehr schmale, extrem steile und völlig ausgewaschene Bergpiste. Antoine und Jery bleiben ganz ruhig. Ich werde etwas nervös, denn ich bange um mein Auto, die materielle Verwirklichung vieler Überstunden beim Übersetzen langweiligster Texte zum Thema Zementmaschinen und Anlagenbau. Nach etwa zwei weiteren Stunden Fahrt mit Steigungen um 45 Grad sind wir gerade einmal fünfzig Kilometer weit gekommen. Aber so sicher und seidig der Land-Rover läuft, so reichlich zieht er das Benzin durch den Vergaser. Zur Vorsicht habe ich zwischendurch schon mal 20 Liter nachgetankt. Dann endlich unser Ziel: Terhenanet. Das Dorf liegt phantastisch: im Hintergrund der heilige Berg Ilamane, davor ein schönes *oued* mit grünen Pflanzen. Wir sind da. Pannenfrei! Die Tuareg erwarten uns in langer Reihe, Gewänder und Turbane leuchten in Blau und Weiß – atemberaubend. Träume werden wahr!

Kurz zuvor hatten wir uns noch gegenseitig den Staub von den Kleidern geklopft und frische Hemden angezogen. Antoine verkleidete sich innerhalb weniger Minuten zum *targi.*

Wir halten hinter einer Seriba, Antoine steigt aus und zelebriert die übliche Begrüßung mit allen Formeln. Er wird dabei sichtlich zum Chef unserer Delegation. Mit leiser, monotoner Stimme führt er das Gespräch. Um uns herum die Tuareg; alles, was geschieht, geschieht sehr gemessen. Ich bin jetzt zwar tatsächlich bei den Tuareg und an einem Ziel dieser Reise. Andererseits ist das alles für mich unfassbar irreal.

Vorm Tagebuch fällt mir auch nichts sonderlich Gescheites ein, denn alle Träume sind der Realität überlegen, die Worte sind dürftig. Etwa so: „Tuareg erkennt man bereits von weitem. Ist man einmal bei ihnen gastfreundlich aufgenommen, sollte man sich strikt nach ihrem Verhaltenskodex, dem *tekarakit*, richten." Beim Gespräch in rudimentärem Französisch beschränke ich mich auf gängigste Worte, verlegenes Lächeln und zustimmendes Nicken. Die Tuareg sind zu mir distanziert, aber freundlich.

Allerdings sind sie sogleich mehr an mir interessiert, als ich als kleine Gastgeschenke Tütchen mit Gemüsesamen hervorhole. Alle, die etwas vom Gartenbau verstehen, und das sind nicht wenige, umringen mich. Die Tüten sind bunt bedruckt und so kann man sehen, was aus dem Inhalt einmal werden wird. Ich habe den Eindruck, alle Tuareg hier sind begeisterte Gärtner. Ich muss sofort mit ihnen zu den Gärten gehen, wo man mir zeigt, was dort demnächst alles wachsen wird. Wir fangen gleich an Furchen in den Sand zu ziehen, die Mädchen rennen nach Wasser, Befehle und Anweisungen werden gegeben und bald haben wir unter heißer Diskussion das erste Beet angelegt. Tuareg wissen nämlich alles besser, vor allem untereinander. Das mit den Sämereien war eine gute Idee, doch den größten Erfolg habe ich später in Mertoutek mit einem Sack Kartoffeln, den ich, um Ballast loszuwerden, spontan an zwei Mädchen verschenkte, die ihr Glück über diese kostbare Gabe kaum fassen konnten.

Jery hat sich jetzt einige Meter Musselintuch um den Kopf geschlungen und sieht damit sehr unwissenschaftlich aus. Die Tuareg sind amüsiert und das ist nicht unwichtig. Der im Ahaggar immer noch bekannte dänische Ethnologe Johannes Nicolaisen gewann Respekt und Sympathie der Tuareg durch eine nicht einfach nachzumachende Fertigkeit: Er konnte auf Händen gehen. Immer wenn Nicolaisen bei den Tuareg aufkreuzte, lag da sehr bald eine sorgfältig ausgebreitete, lange Decke, und alle warteten auf das begehrte Schauspiel des Ethnologen und Akrobaten. Wer zu den Tuareg kommt, sollte deshalb auf keinen Fall vor Ehrfurcht erstarren, sondern versuchen irgendwie zur Unterhaltung beizutragen. Alles, was Geschicklichkeit erfordert, wird besonders gern gesehen. Bereits Jonglieren mit drei oder vier Bällen bringt Zulauf. Zu einer echten Attraktion wird man jedoch, wenn man einen kleinen Marktstand aufbaut und von Muscheln über Taschenlampen, Einspritzpumpen, Reifen, Tretnähmaschinen und Kofferradios mit Kassettenteil vielleicht ganz listig auch einen ausnehmend schönen und natürlich sehr teuren Kamelsattel aus Agadez anbietet.

Ahmed umwickelt auch mir irgendwann fachmännisch Kopf und Gesicht mit einem weniger wertvollen *tagelmoust* und danach schränke ich alle Bewegungen tunlichst ein, um das textile Kunstwerk nicht durcheinanderzubringen. Denn die Kunstfertigkeit, die schließlich zum perfekt gebundenen *tagelmoust* führt, erfordert langjährige Übung, die mir natürlich fehlt. Doch jetzt bin ich immerhin äußerlich weitgehend wie sie. Was den *tagelmoust* angeht, trifft auch für die Hosen zu, die *seroual* heißen. Die weiten Tuareghosen sind nicht nur bequem beim Sitzen auf der Erde und auf dem Kamel, sondern auch entsprechend luftig. Da die wenigsten Europäer solche Hosen tragen, wird man damit dann schon eher respektiert.

Wie bei Novizen üblich, muss ich mich nun jedoch als nützlich erweisen. So hat Ahmed einstimmig beschlossen, dass er mit mir und meinem Land-Rover eine kleine Ausfahrt machen wird. Nicht weit. Da, gleich hinter den beiden großen Felsen, da gäbe es einen Transport. Nur etwas Holz! Ich hatte ja damals noch keine Erfahrung mit Orts-, Zeit- und Mengenangaben der Tuareg und war froh, dass überhaupt etwas passierte.

Ahmed ist bester Laune, bei mir hält sich eine gewisse Skepsis, denn es geht durch die halbe Unterwelt. Die Schluchten werden enger und enger. Der Sand zwischen den Felsen ist weich bis grundlos. Mit abgeklappten Rückspiegeln kommen wir gerade eben - aber wirklich oft nur um Haaresbreite - zwischen den Felsen so durch. Und dann liegt da endlich die Transportaufgabe: ein riesiger Haufen Brennholz, den Ahmed auf meinen Land-Rover verladen will.

Eine junge *targia* wartet bereits geduldig und fröhlich, wahrscheinlich seit dem frühen Morgen. Ahmed geht gleich an die Arbeit. Der Holzhaufen wird mit Stricken auf dem Dachträger verzurrt und keine zwei Stunden später sind wir wieder im Dorf, gerade noch rechtzeitig vor Einbruch der pechschwarzen Nacht. Weder Antoine noch Jery fragen, was wir denn inzwischen gemacht hätten. Ich erzähle vom Holztransport, den Geländeschwierigkeiten, dem verkratzten Lack und Beulen im Blech und anderen Abenteuern. Man nimmt das alles ziemlich ungerührt zur Kenntnis. Das Abendessen danach entschädigt jedoch für alles. Es gibt handgerollten *cous-cous*, dazu Gemüse der Jahreszeit mit Soße, gewürzt mit feinen Kräutern aus eigenen Gärten, und Fleisch von der Ziege. Wie üblich essen wir alle aus einer Schüssel. Antoine meint immerhin, es könne am Holztransport liegen, dass wir so großzügig bewirtet werden. Später wird noch etwas herumgeschachert, Tee getrunken und dann ist schlagartig Schluss. Ahmed wirft uns jede Menge Decken zu, bläst die Petroleumlampe aus und bis auf die kläffenden Hunde schläft bald das ganze Dorf.

Ahmed ag In Chikat aus Tehenanet (Ahaggar) im Hochzeitsgewand. 1998.

Lemta, Targa & die Atlantiden. Jery blättert bereits im Morgengrauen im Foucauld'schen Lexikon und lernt *tamashek*. Ich werde als Schüler zugelassen, das heißt, ich darf auch mal drin blättern. *Tamashek* sei eine Berbersprache, erklärt Jery, und erheblich leichter als Haussa zu erlernen. Weiterhin beruhigend ist es zu wissen, dass die Tuareg an Himmel und Hölle glauben und auch an den Teufel, den sie *iblis* nennen, dessen Namen man aber nicht aussprechen sollte. Um die Mentalität der Tuareg näher kennen zu lernen, gäbe es ein Sprichwort der Tuareg, das von Jean Gabus überliefert wäre: „Nachdenken ist die Fessel der Feigen, der freie Mann lässt sich dadurch nicht lähmen."

Diese Freien, die Wert auf spontanes Handeln legen, die *imoshar,* haben eine Herkunft, die derartig im Dunkeln liegt, dass die Tuareg allein darauf ihr gesamtes Image aufbauen konnten. Der ungarische Historiker Karoly Borsany meint, dass die Entwicklung in der Sahara der in Mesopotamien vorausgegangen sei. Er erklärt weiter, dass zum Ausgang der Altsteinzeit die Sahara dicht bevölkert, unter Umständen sogar überbevölkert gewesen war und dass bereits vor zehntausend Jahren eine Abwanderung begann. Die Tuareg könnten folglich die ersten Kulturträger hier gewesen sein. Und das ist ihnen offensichtlich auch bewusst.

Wissenschaftlich betrachtet sind sie – wie alle Urberber – möglicherweise oder gar ziemlich sicher die Nachkommen von Cromagniden, die einmal aus dem Norden oder Nordosten eingewandert waren. Man muss sich diese Völker als mehr oder weniger gut organisierte Horden vorstellen, die so exotische Namen hatten wie Garamanten, Nasamonen, Gätuler, Tartessier, Guanchen, Sakophagen. Dass unter ihnen auch gestrandete Atlantiden gewesen sein könnten, sieht man als gesichert an. Die Römer, die sich ja eigentlich vor allem detailliert nur für sich selbst interessierten, nannten alle Stämme in Afrika, die sie kannten, *summa summarum* Numidier, und die, die sie nicht oder weniger kannten, *barbari*, Fremde.

Zum Ursprung der Tuareg gibt es in einem Standardwerk aus dem Jahre 1926 (Rennel Rodd "People of the Veil") nachzulesen: Danach sind die Tuareg die Nachkommen von Mazigh, dem Sohn von Canaan, dem Sohn von Ham. Sie sind folglich Hamiten. Sie selbst nennen sich Masiren. Nun waren aber nicht alle Masiren verschleiert, sondern, nach Rennel Rodd, der wiederum bei Leo Africanus recherchiert hatte, nur die Mulethemin, die Stämme Lemta, Lemtuna, Jedala, Targa und Zenaga. Von den Targa, so mutmaßen einige Wissenschaftler, haben deshalb die Tuareg ihren Namen erhalten. Andere mutmaßen etwas anderes, doch das gehört schon fast zur Methode der Betrachtung des Phänomens Tuareg.

Jery gibt gelegentlich und dann nur zögerlich etwas von seinem Wissen ab.

Häufiger erzählt er allerdings vom *evil eye*, einer bedeutenden Sache bei den Tuareg. Danach ist der böse Blick Ursache für allerhand Übel und deshalb gibt es bei den Tuareg reichlich Schutzzauber dagegen. Dass nun besonders der Silberschmuck der Frauen, der doch durchaus Neid verursachen könnte, gegen den bösen Blick helfen soll, erscheint mir zwar unlogisch, aber es ist so. Jean Gabus führt die Dreiecke bei einem Amulett der Tuareg, dem *tiraut*, auf ein stilisiertes Auge zurück. Das Dreieck ist aber auch ein altes Symbol für das weibliche Geschlecht, ebenso wie die Muscheln, die von allen Berberfrauen getragen werden. Und diese Symbole schützen nicht nur gegen böse Geister, sondern haben auch eigene Kräfte, in denen die fruchtbare Magie des Mondlichts enthalten ist. Das reflektierte Licht hat ja seine besondere Eigenart; so sind Frauensättel der Tuareg rundum mit Spiegeln behängt, weil man mit Spiegeln wahrsagen kann, behauptete jedenfalls Charles de Foucauld. Die Forschung ist hier jedenfalls noch nicht am Ende.

Ahmed nutzt die Gelegenheit zum interkulturellen Dialog und lernt etwas Deutsch von mir und als erstes die Wörter „Achtunngg, Achtunngg!!", dann noch „fünffzigg" und „hunndertt" und „Kannisster", denn er will vorbeikommenden Touristen gleich die richtigen Hinweise geben, und zwar auf Gefahren, Kosten und das, was er gut gebrauchen könnte.

Die Integration des Reisenden als Gast bei den Tuareg beginnt mit der Teezeremonie, für die man einen guten Magen mitbringen sollte. Das Gespräch dabei ist ritualisiert und Fragen und Antworten sind deshalb fest vorgegeben. Wie war die Reise? Wo geht es hin? Wie geht es der Familie? Wieviel kostet der Tee, der Zucker? Die Frage nach der Familie ist dabei auch die indirekte Frage nach dem Wohlergehen der Frau. Und so weiter. Man antwortet immer mit „gut". Ich habe mir später die verschiedenen Fragen und Antworten auf eine Pappe geschrieben und sie abgelesen, wenn ich nicht mehr weiterwusste. Nach der Begrüßung wird das Gespräch schnell pragmatisch. Man kommt zum Geschäft, das man als Durchreisender klugerweise mit einigen Geschenken einleitet.

Auch für Frauen sollte man unbedingt Geschenke mitbringen, denn mit Frauen macht man zwar selten direkt Geschäfte; aber wer etwa eine Ziege kaufen will, wird diese einer Frau abkaufen müssen, nämlich der, der die Ziege gehört, selbst wenn ein Mann dabei als Zwischenhändler auftreten sollte. Die Frauen bleiben zwar reserviert, haben jedoch einiges zu sagen und mitzubestimmen. In Agadez gibt es eine Bürgermeisterin, die souverän autritt und ihre Amtsgeschäfte ohne jede Erklärungsnotstände ausführt.

Targia mit dem magischen Blick, der Männer dazu bewegt,
sich der Macht ihrer Weiblichkeit unverzüglich zu unterwerfen.

Familienoberhaupt ist immer die älteste Frau, die deshalb entsprechend respektvoll begrüßt werden muss. Respektvoll bedeutet für uns Wüstenfahrer vor allem, dass wir halbwegs nach Landessitte angezogen sein sollten, vor allem sauber und ordentlich, weder mit kurzen Ärmeln noch kurzen Hosen.

Respekt und Hochachtung vor den Frauen hat bei allen Berbern eine lange Tradition, denn nach den Mythen wurden alle Tuaregstämme von Urmüttern gegründet. Männer waren daran sicher auch beteiligt, werden jedoch namentlich kaum erwähnt.

Das Matriarchat ist heute zunehmend in den Blickpunkt des Interesses geraten, nachdem die lange Zeit des Patriarchats das Zusammenleben der Menschen und Völker nicht verbessert hat. Malinoswki nennt denn auch das Matriarchat eine praktische Einrichtung und bezeichnet es als Wiege der Kultur, aus der wahrscheinlich auch die Lautsprache, die eigentliche Muttersprache, entstanden sein soll. Frauen aus matrilinearen Kulturen sind selbstbewusst, sinnlich und verfügen nicht selten über beträchtliche Vermögen. Bei den Tuareg ist die Frau deshalb Herrin des Zeltes und anderer Besitztümer, über die sie allein verfügt. Die Arabisierung der Sahara-Tuareg greift allerdings die ursprüngliche Stellung der Frau an. Denn auch für die Tuareg-Gemeinschaften ist die Welt im Wandel, und viele Möglichkeiten, die sie noch vor etwa hundert Jahren hatten, gibt es heute nicht mehr oder nur eingeschränkt. Notzeiten kann man nicht mehr durch *rezzou,* also Überfälle, ausgleichen. Man kann sie heute entweder nur noch aussitzen, dabei sterben oder fliehen.

So sind nach lange anhaltenden Dürrezeiten, ebenso wie nach den Rebellionen in Mali und Niger viele Tuareg einfach losgezogen. Nach Paris, nach Abidjan, nach Dakar, nach Bamako. Die gewohnte Umtriebigkeit der Tuareg hat jedoch längst auch andere, zum Teil durchaus lukrative Bereiche entdeckt. Agadez wäre eine tote Stadt, wäre sie nicht ein Umschlagplatz für die sogenannten *sanspapiers*, die afrikanischen Migranten. Und auch am Zigarettenschmuggel wird gut verdient. Doch das sind auf Dauer sicher keine beruflichen Alternativen für die ehemaligen Ritter der Sahara. Wesentlich sind die Tuareg ein Hirtenvolk. Und allein daraus beziehen sie ihre Identität. Deshalb hängen sie an dieser Wirtschaftsform, die häufig kaum das Überleben sichert.

Aufmarsch der Combattanten.Tessalit. Januar 2002.

„Manchmal geht ein Mann fort ...". Jery hat einiges in Sachen praktischer Metaphysik vor. Er will in Richtung der *kel assuf*, des „Volkes der Leere", ermitteln. Damit sind die Geister gemeint. So lerne ich mein erstes Wort in Tamashek. Weiterhin sucht Jery den Ort, wo es die heilige Farbe, den roten Ocker, gibt. Er hofft dort beides zu finden.

Weder Jery noch ich glauben so an die Geister, wie das die Tuareg tun. Doch das Problem besteht darin, dass wir, wenn wir nicht wirklich an die Geister glauben, die Geister auch nicht finden werden, weil sich die Geister dann nicht zeigen. Wir müssen deshalb einen Kompromiss schließen und zumindest für die Zeit, die wir hier sind, an die Geister glauben. Wir haben uns natürlich erkundigt, das heißt, die Tuareg haben uns Hinweise gegeben, wo mit den Geistern zu rechnen sei, doch diese Orte müssen wir finden. Zuvor wurden uns zu diesem Thema informative Geschichten erzählt.

Etwa vierhundert Kilometer nördlich des Atakor gibt es einen mächtigen Berg, einen Doppelgipfel aus Granit. Die Tuareg nennen ihn *Ouadane*, die Araber *Garet Djénoun.* Aber auch der *Idinen*, im Osten gelegen, ist als Geisterberg bekannt und berüchtigt. Heinrich Barth hatte sich dort seinerzeit verirrt und wäre beinahe umgekommen.

Hier nun eine Geschichte, die man mir in Mertoutek, einem einsam gelegenen Dorf im Süden des praktisch unbewohnten Teffedest, erzählte. Der Erzähler beginnt:

„ Wollt ihr die Geschichte dieses Berges hören? Er heißt *Ouadane*. Dieser Ort ist einigen unbekannt, andere haben schon davon gehört. Sie sagen, das ist der Berg der Heiligen. Dort suchen sie alles, was sich auf die Propheten beziehen könnte. Aber sie haben nichts gefunden. Was gibt es auf diesem Berg? Das bleibt ein Geheimnis. Sie haben gesucht und verstanden. Das ist das Gebiet der Geister. Was genau es damit auf sich hat, weiß man nicht mehr. Die Erinnerung daran ging verloren. Jahrhunderte sind seitdem vergangen. In jener Zeit hatten die Menschen keine Gewehre. Wie soll ich sagen? Sie jagten mit Fallen aus Stein und nicht mit den Fallen aus der Schmiede. Dann jagten sie noch mit dem Speer.

Manchmal geht ein Mann fort und kommt nicht mehr zurück. Ein, zwei Jahre sucht man ihn, aber er bleibt verschwunden. Wenn er zurückkehrt, erkennt man ihn zwar, aber alles an ihm ist verändert. Und erst dann begreift man, dass dieser Ort nicht wie andere ist. Er ist gefährlich. Nicht nur einer, zehn, zwanzig sind fortgegangen und nicht zurückgekehrt. Es gibt auch Mädchen, die verschwinden. Du siehst sie, sie ist hier, neben dir, du begleitest sie, sie verabschiedet sich und weg ist sie. So geht das. Ein, zwei Jahre später siehst du sie auf dem Berg dort oben. Wenn ein Jäger sie zufällig trifft, sagt sie ihm: „Ich gehöre jetzt zu dieser Welt." So erkannte man den wahren Charakter des Ortes. Als ich zum ersten Mal hierherkam, da sah ich, dass der Ort seit langem bewohnt war. Seit Jahrhunderten." Hier endet die Geschichte. Niemand sagte ein Wort. Einige standen auf. Andere stocherten im Feuer.

Wir suchten nun in dieser Gegend den roten Ocker. Jery suchte jedoch nicht nur den Ocker und die Geister, sondern vor allem Stoff für sein Buch "The Tuareg, people of Ahaggar", das 1977 in London erscheinen sollte; ich ging einfach hinter ihm her, ausgerüstet mit der Rolleiflex, und suchte den günstigen Zufall, die Hauptbeschäftigung aller Fotografen.

Wir liefen natürlich nicht blindlings in der Gegend herum. So hatte uns Amadou Jakal, Lehrer aus Tazrouk, von einer Fundstelle berichtet, in der seit Jahrhunderten, vielleicht noch länger, nach rotem Ocker geschürft wurde. Das aus ihm herauszubekommen war nicht ganz einfach, denn für Amadou waren alle diese Dinge, hinter denen wir her waren, sakrale Symbole und deshalb nicht unbedingt Objekte für unsere Forschung und Neugier. Immerhin erzählte er uns, dass die Mine, in der man Ocker finden konnte, ein magischer Ort sei. Der Berg hieße – das war ziemlich schwierig auszusprechen - *Enanjhaqqet*, übersetzt: „Berg der Geister!" Ganz oben vom Gipfel des *Enanjhaqqet* gelange man durch einen schmalen Einschnitt in das Innere des Berges. Und dort fände man den roten Ocker, *tamaghoyt*.

Nun ist der rote Ocker nicht nur das älteste spirituelle Medium der Menschheit, sondern auch die älteste bekannte Kunst. Und zwar fand man in der Blombos-Höhle in Südafrika (nach einer Meldung von dpa) einen Ockerstein mit Inzisionen in Form von zusammenhängenden dreieckigen Ideogrammen, dessen Alter auf 77.000 Jahre bestimmt wurde. Bisher hatten die etwa 37.000 Jahre alten Höhlenmalereien als die ältesten bildhaften Darstellungen des Menschen gegolten.

Diese Dreiecke auf dem Ocker von Blombos bilden sogenannte „doppelte Dreiecke". Marie E. P. König nennt derartige Dreiecke „antithetisch" und bezeichnet sie als Symbol für „sich schneidende Weltachsen". Nun ist es sicher fraglich, ob der Mensch jener Zeit so gedacht haben könnte, Tatsache ist jedoch, dass der Mensch etwas in den Ocker eingezeichnet hat, das keinen näheren Zweck hatte. Es könnte deshalb allerdings einen höheren Sinn gehabt haben. Immerhin beginnt zwischen dem Geist jenes Menschen, der in diesen Zeichen versteckt ist, und uns doch ein gewisser Dialog. So fängt Zauber an!

Amadou spricht später vom Wesen der Farben. Er beginnt mit erhabener Stimme: „Gott ist groß und Mohammed ist sein Prophet. Jeder weiß, dass er vom Tode verfolgt wird. Du willst etwas über die Farben wissen? Nun, höre die Geschichte der Farben! Die Farbe Weiß hat den höchsten Wert. Die Heiligen

Idinen. Der berühmte Geisterberg in Südlibyen, wo sich Heinrich Barth verirrt hatte und beinahe zu Tode gekommen wäre, wenn die Tuareg ihn nicht gerettet hätten.

kommen nur mit weißem Herzen. Weiß wird man nur an den Orten des Gebets, der inneren Einkehr, finden. Ja, hast du das verstanden, Fremder? Am Tage deines Todes wird um dich herum alles weiß sein. Nun Grün, die Farbe Grün. Sie wird von den Menschen geliebt, weil sie die Farbe der Pflanzen ist. Im Paradies, hinter der siebenten Tür, wirst du sehen, dass alles grün ist.

Und da, Fremder, schau dir das Dach dieses Zeltes an. Es ist rot. Die Farbe Rot heißt bei uns *tamaghoyt*. Dieses Rot wird an einem besonderen Ort gefunden. Das sind die Orte, die von Geistern und unsichtbaren Menschen bewohnt werden. Am Berge *Enanjhaqqet* und an anderen Orten. Da gibt es ein Geheimnis! Rot ist auch die Farbe des Blutes. Nun, Fremder, begreifst du die Bedeutung der Farben bei uns?

Dann ist da die Farbe Schwarz: *tekkeouelt*. Sie wird aus einem Stoff hergestellt, den nur wenige Menschen finden können, weil nicht alle Menschen die gleiche Stärke in ihrem Herzen besitzen. Wenn du die Farbe Schwarz entfernst, verschwinden alle anderen Farben. Ja, nun kennst du die Bedeutung der Farben bei uns. Mehr werde ich dir nicht erzählen, denn wir sind nur die Söhne derer, die davor waren. Die Vorfahren stehen jede Nacht wieder auf." Amadou erklärt uns dann mit barschen Worten, dass wir Barbaren seien, die niemals fähig sein könnten, einen Geist aufzuspüren, schon gar nicht einen ihrer Geister. Doch immerhin haben wir herausgefunden, dass der rote Ocker an einem besonderen Ort gefunden wird. Wir werden den Ocker dadurch nicht leichter finden, wir wissen jetzt jedoch, wie die Tuareg darüber denken.

Am nächsten Tag ziehen Jery und ich los. Die Sonne steht senkrecht – wie immer, wenn wir endlich aufbrechen. Der Brite ist zäh und hat zudem einen Auftrag von der Universität Exeter. Wir erklimmen einen Vulkankegel. Nur Lavageröll. Von oben allerdings eine phantastische Aussicht auf Lavageröll. Jery sucht mit meinem Fernglas die Gegend ab nach *something artificial*. Um uns herum eine mineralische Welt im Endzustand, kein Anzeichen von *artificial*. Ich mache vieles mit, aber nichts ist für mich schlimmer als unmotiviert hinter jemandem herzulaufen, der seinerseits sehr motiviert ist. Nach etwa vier Stunden, ohne einen Schluck zu trinken, wird Jery fündig. Mit einem Ziegenfuß in der Hand kommt er aus einem Loch heraus. Knallrot. Wir haben die Mine gefunden. Wir stehen vor dem Beginn von Magie und Kultur.

Adamah, männlich Adam, bedeutet „blutiger Lehm" oder Leben aus der Erde. Das Symbol für Adamah ist in der Tat der rote Ocker. Eva bedeutet Leben. Überlieferungen erzählen, dass Eva aus blutigem Lehm Adam erschuf. Mein Religionslehrer erzählte die Geschichte allerdings anders.

Der rote Ocker ist als magisch-mystischer Farbstoff das älteste spirituelle Symbol der Menschheit, das magische Ur-Zeichen für die Vorstellung von der

Erschaffung des Menschen und seiner Wiedergeburt. Im roten Ocker wurde der reine Farbstoff zur spirituellen Orientierung. Als Vektor für Imagination ermöglichte er den Glauben an Wiedergeburt. Das bestätigt André Leroi-Gourhan, wenn er erwähnt, dass man in der Altsteinzeit die Toten in einem Bett von rotem Ocker begrub. Die Strahlung der roten Farbe symbolisierte dabei den Geist, das Material selbst wird symbolisch zur Synthese von Erde und Blut. In dieser Einheit wird das Leben in seiner ständigen Verwandlung erhalten, der Tod zum Beginn der Wiedergeburt.

Die Tatsache, dass in diesem Loch ein Ziegenfuß liegt, ist für Jery Beweis für die Magie des Ortes. Der Ziegenfuß ist als Gegenzauber zu sehen. Wir haben unser heutiges Ziel erreicht und müssen nur noch zurück.

Am Wendekreis des Krebses und weit darüber hinaus nach Süden, im nördlichen Aïr, im Adrar Ifoghas, fast bis an den Fluss Niger heran, gibt es Steinsetzungen, die man in Afrika nur hier findet. Mit ihrer Symbolik erinnern sie an archaische Monumente, wie man sie in Westeuropa, auf Kreta und auch in Ossetien im Kaukasus findet, diese Monumente sind Omphalos und Labyrinth.

Viele dieser Rundbauten bestehen aus mehreren Kreisen und haben Durchmesser von bis zu fünfzig Metern. Es handelt sich meistens um symmetrisch aufgeschüttete Hügel und Kegelstümpfe mit einer Aushöhlung auf der Kuppe; wieder andere sind sichelförmig. In der offenen Wüste fallen diese Monumente deshalb besonders auf, weil sie häufig an Berghänge gebaut sind und dadurch zu weithin sichtbaren Zeichen werden.

Alle diese sogenannten „Schlüssellochgräber" haben, wie kretische Labyrinthe auch, einen schmalen Eingang und ein Zentrum, das aus einem kleinen Hügel besteht. Diese Formen kennen wir von Ganggräbern in Europa - zum Beispiel von denen der Ile Longue, von New Grange in Nordirland und anderen.

Von den kultischen Steinsetzungen hier in der Sahara wissen wir bisher wenig bis gar nichts, von New Grange mehr, zum Beispiel, dass New Grange von einem Volk mit matristischer Kultur erbaut wurde und dass dieses Volk um 2000 v. Chr. Irland erreichte. New Grange und das Monument von Ile Longue sind sogenannte Korridor-Gräber. Diese hier in der Sahara haben ebenfalls Korridore, zudem noch Kreise und Spiralen und sind damit vom Grundriss ähnlich bis identisch mit denen von New Grange und anderen, die man zu den Ur-Labyrinthen zählen kann.

Immer wenn es um Labyrinthe geht, denkt man an alte Überlieferungen von Totenehrung, von Stadtgründungen, aber auch von magischen Schutzwällen, durch die das Totenreich, vom Bereich des Lebendigen getrennt wird. Die Kernzone, der Omphalos, wird dabei zum Schutz-bereich, zur Abwehr böser Geister. Das ist bereits ein sehr komplexer Hintergrund, der einer bestimmten Tradition bedurfte.

Die Ganggräber der Bretagne und andere stammen aus dem 3. bis 5. Jahrtausend vor unserer Zeitrechnung. Die Steinsetzungen hier in der Sahara wurden vor etwa 3.500 Jahren, also in einer Zeit, als es noch eine kleine Feuchtzeit – eine der letzten - gab, erbaut. Dass es sich hier nicht um eine alte afrikanische Kultur handelt, sondern um eine nördlichere, ist wahrscheinlich. Könnten es die Seevölker gewesen sein, die aus dem Nordwesten Europas kamen und um diese Zeit in den östlichen Mittelmeerraum einfielen? Die Archäologin Seton Williams fand bei Aleppo eine Tonscherbe mit einer Labyrinthzeichnung, die etwa 3.500 Jahre alt war. Kamen die Seevölker mit ihrer Kultur aus dem Nordwesten Europas bis in die Sahara, bis an den Niger?

Steinsetzungen, Stadtgründungen, Bauten sind Architektur und charakteristisch für Neolithikum. Altsteinzeitliche Siedlungen bestanden aus organischem Material, aus Lehm, Zweiggeflecht und anderem. Sind diese Steinsetzungen hier Spuren eines frühen neolithischen Nordafrikas, das vom Wendekreis bis zum Mittelmeer und Niger reichte?

Traditionelle afrikanische Dörfer sind der Erde verbunden. Bei der Banko-Bauweise verwendet man noch heute luftgetrocknete Lehmziegel, die sich bei Regen auflösen. Man geht dieses Risiko ein und baut zusammengefallene Teile irgendwann einfach wieder auf. Die Moschee von Djenné ist als Heiligtum sicher sehr alt, ihre heutigen Bestandteile sind es sicher nicht. In ariden Gebieten wäre das Brennen der Ziegel wahrscheinlich aufwändiger gewesen als gelegentlich eine Wand zu ersetzen. Feste Steinbauten weisen jedoch auf einen anderen Geist hin, auf die Stadt, auf Transzendenz, auf Ratio und schließlich auch auf Schrift. Schwarzafrika blieb schriftlos!

Tin-Hinan, übersetzt „Herrin der Zelte", wurde mit ihrer Sklavin Takama in Abalessa im Ahaggar beigesetzt. Die beiden Frauenskelette stammen nach neuester Forschung von europiden Frauen.

Steinsetzung
(wahrscheinlich Ganggrab).
Nähe Djanet.

Große
Steinsetzung
zwischen Amguid
und Illizi. Durchmesser ca. 50 m.

Labyrinth und Garten sind vom Sinn her ähnlich. Beide sind Inseln im Chaos von Wildnis und Zeit und verbinden als Symbol den Menschen mit Welt und Natur. Das Labyrinth zeigt sich jedoch deutlich anders als der Garten, es will eine eigene Welt sein: Es ist bereits Architektur, neolithisch konstant, während der Garten Zauber und Symbolik der sich wandelnden Natur darstellt. Im Garten ordnet der menschliche Geist nur an, er setzt keine eigene Welt gegen die Natur. Er bewahrt seine Verbundenheit in einem imaginären Paradies und beschwört darin die Einheit von Ich und Du.

Der Garten ist ursprünglich ein Traum, in der Wüste geboren; über ihm schwebt eine geheimnisvolle Erotik. Eva lebt in ihrem Garten, der damit zu ihrem Paradies wird. Sie ist die mythisch Wissende und wie immer wird sie begleitet von ihrer besten Freundin, der Schlange. Eva hütet und beherrscht auch die Energie, das Feuer. Damit herrscht sie über die wichtigsten Geister.

Sie erkennt das Symbol der Schönheit. Blüte und Verführung werden durch sie zu Symbolen des Lebens; Schönheit und Magie zu zwei Erscheinungen der gleichen Sache. Es geht ihr darum, dass die Dinge sich selbst – im eigenen Zauber - miteinander und mit ihr, als der Dritten, verbinden. So erschafft sie sich den Sinn, den Zusammenhang.

Die Tuareg, Nachfahren von Inanna und Dumuzi, besingen die Schönheit der Geliebten: „Sie ist lieblicher als eine fruchtbare Weide// eine Weide, auf der die Blume Neglah wächst." Oder: „Teoua, du bist schön wie der Mond, // wenn er sich nach dem Regen// in den Ihahangennin-Blüten spiegelt."

Das Hohe Lied Salomos, das Gilgamesch-Epos und die Dichtung der Tuareg stammen aus diesen Weltbildern, die alle in Zaubergärten entstanden und sich über Jahrtausende kaum veränderten. Evas Gärten balancieren so auf der Spannung zwischen Fremdheit und vertrauter Nähe und werden dabei zu Brücken zwischen Innen und Außen, über die magische Verwandlung geschieht.

Evas Paradies besteht noch lange. Und der Garten wird nach ihren Gesetzen religiös und zur Projektion der Welt. Die Sassaniden teilten später den Garten in vier Zonen auf, was dem Bild des Universums entsprach. Im Winter, wenn der Garten nicht blühte, legte der Herrscher stattdessen einen Teppich in seinen Palast. Dieser Teppich symbolisierte Fruchtbarkeit und sicherte die Erhaltung der Natur und damit die Wiedergeburt. Der Teppich wurde zum Reflex des Gartens und gleichzeitig zum Zauberteppich, denn das Bild hatte die gleichen Eigenschaften wie das Dargestellte. Und so entstand die Verbindung von Welt und Traum.

Im Persischen bedeutet *pairidaeza* „umschlossener Ort", ein Gehege für Tiere und Pflanzen. Für die Völker der Wüste ist es der Ort der Sehnsucht. Im Hebräischen bedeutet *gan-eden* „Garten der Verzückung", und das ist Inannas

Liebesgarten. Der Garten wird hier zur Mitte zwischen Natur und der Welt des Menschen, wo Sinn und Geist sich verbinden.

Und die Wüste? Sie ist Metapher für bodenlosen Abgrund, die Leere. Raum, durchzogen von Klängen aus Fukoshimas „Requiem".

Tassili.
Szene aus der Jungsteinzeit.

Afrika hat viele Geister, alle zusammen machen schließlich aus Afrika das unverwechselbare Afrika; doch der große Geist, der über alle anderen Geister herrscht, der wohnt in Afrika auch heute noch im Elefanten.

Wenn man mit einem Afrikaner ins Gespräch kommen will, sollte man einmal mit ihm über Elefanten reden. Er wird stolz auf den alten Geist sein: „Ja, es gab einmal eine Zeit, da war Gott auf der Erde und Gott hatte sich in einen Elefanten verwandelt; ja, das war eine große Zeit für Afrika."

In der Zeit, als die Sahara Savanne war, gab es bis zum Mittelmeer Elefanten. Und wenn die Menschen irgendwo ihr Lager aufschlugen und es kamen die Elefanten, dann kamen da Naturgewalten! Der Elefant wurde in jener Zeit zum übernatürlichen Mythos, er war stark, souverän und vor allem, er war kein Raubtier!

Als ich 1998 in Namibia unterwegs war, um Elefanten zu fotografieren, dachte ich wie immer zuerst an Teleobjektive, welchen Film und ähnliche Dinge. Doch das änderte sich, als die Elefanten tatsächlich kamen. Mir wurde ganz anders. In der Luft lag der Staub wie dichter Nebel. Und - ich spürte sie kommen, lange bevor ich sie überhaupt sehen und hören konnte. Alle spürten wir sie kommen. Das Geschnatter der Touristen hörte schlagartig auf, denn da kam etwas Außerzeitliches.

Zuerst sahen wir nur die schemenhaften Umrisse im Gegenlicht. Langsam, sehr langsam, wie mit zeitlupenartigen Bewegungen schritten die Tiere gravitätisch zum Wasserloch. Gemessen senkten sie ihre Rüssel ins Wasser. Explosionsartig prustend und schnaubend ging es dann weiter. Den Bullen hing der Penis fast bis zur Erde. Alle glotzten wir wie geistesabwesend. Die Elefanten selbst nahmen uns überhaupt nicht zur Kenntnis.

In allen Naturreligionen stand der Elefant für Erde und Wiedergeburt, denn in seinem Bauch waren symbolisch die Toten begraben, er galt als Herr der Heerscharen. Er war in der Tat Gottheit! Der Stier, der so häufig auf den Felsbildern zu sehen ist, war bereits eingebunden in ein komplexes Symbolnetz. Der Elefant stand für sich. Er war ganz und gar paläolithisch! Wenn er auf Felsbildern erscheint, wird er übermächtig gezeichnet. Er ist Zeichen einer alten, anschaulichen und klaren Spiritualität.

Die Sahara gehörte in jener Zeit, also vor etwa 10.000 bis 20.000 Jahren und sicher noch lange davor, ganz und gar zu Afrika. Sie war als Wüste noch nicht zur Barriere geworden. Menschen und Tiere zogen damals in ganz Afrika herum, vom Mittelmeer zum Atlantik, zum Indischen Ozean bis hin zum Roten Meer.

Elefanten waren aber nicht nur Mythos und Symbol in Afrika. So sah man in der Gefährtin Krishnas, Radha, eine sexuell unersättliche Elefantin.

Fezzan. In Habiter III.
Größe ca. 2,3m x 1,6 m.

Die Jungfrau-Mutter Neith im alten Ägypten hatte einen Gemahl, der ein Elefantengott war. Und beide wurden als Elefantenkuh und Elefantenbulle am größten Ort der Fruchtbarkeit jener Zeit, an den Quellen des Nils, verehrt. Naturgottheit und Ursprung des Wassers wurden so zu einem einzigen mächtigen Fruchtbarkeitssymbol.

Hier im *wadi* Mathendoush gibt es einige sehr schöne Bilder von Elefanten, die ich nun unbedingt im besten Licht fotografieren will. Seit Stunden bin ich mit Mohammed zu Fuß im tiefen Sand unterwegs. Wir suchen den Fundort In Galghien. Das sind abgesprengte Felsen, aber mit Bildern von Elefanten, sehr große, sicher geführte Ritzungen.

Fezzan. in Galghien. Größe ca. 2,5m x 1,5 m.

Ahaggar.
Größe ca. 2 m x 3 m.

Mohammed Ali Kheliffa. Seit gut einer Woche bin ich mit ihm nun schon im Messak unterwegs. Er ist Targi und kennt nicht nur die Fundorte der Bilder, sondern vor allem auch die Verbindungswege zwischen den einzelnen *wadi*. Das ist nicht unwichtig, denn allein hier herumzulaufen und Felsbilder zu suchen, diesen Versuch hatte ich erfolglos hinter mir, und das war der Grund gewesen, mich nach einem Führer umzusehen. Den fand ich in Mohammed. Aber wie und wo ich ihn fand, das ist wieder einer dieser Zufälle, auf die man in Afrika blind vertrauen sollte.

Ich trieb mich also seit gut einer Woche allein im Messak herum und fand nur hin und wieder mal ein Bild. Einige davon waren sicher selten und schön, aber auf diese Art und Weise wäre meine Ausbeute bescheiden geblieben. Auch die schiere Wildnis tröstete mich nur schwach. Zwei Fenneks verfolgten mich wie kleine Hunde, wenn auch in sicherem Abstand. Dann jammerte in einer pechschwarzen Neumondnacht stundenlang ein Schakal, und ich war froh, als der Morgen kalt und unfreundlich über den Horizont kroch. Ich hatte absolut keine Lust mehr hier allein weiterzumachen und hielt es für vernünftiger, zurück nach Ubari zu fahren, Orangen zu kaufen, mal wieder zu duschen, nachzutanken und was nicht noch alles zu tun, um dann später eventuell einen zweiten Versuch zu unternehmen.

Auf dem Weg nach Ubari fährt man vom Messak Settafet herunter und kommt vor der Ebene des *wadi* Berjudj zu der kleinen Station El Elauen, wo das libysche Militär Genehmigungen, Pässe und Stempel kontrolliert. Ich komme im Fastdunkeln an. Weiterfahren? Ich bleibe! Einer der Soldaten winkt mich in die Station, wir hocken uns um ein Holzkohlebecken und schweigen eine Weile vor uns hin und trinken Tee. Wie üblich.

Der Mann reicht mir die Hand und sagt freundlich: „Mohammed." Ich stelle mich auch vor. Dann schweigen wir wieder eine Weile. In Arabisch sprechenden Ländern ist der Name Mohammed schließlich nicht ungewöhnlich; doch es gibt hier einen ganz bestimmten Mohammed, der den Messak und die Steinzeitkunst wirklich sehr gut kennt. Ich hatte in einer französischen Archäologiezeitschrift von ihm gelesen und mir auch seinen Namen gemerkt. Da mein Arabisch nur rudimentär ist, versuche ich es mit einigen italienischen Wörtern und lasse dabei den Namen „Fabrizio Mori" fallen. Und Mohammed antwortet spontan: „Fabrizio Mori! Que sí !" Das geht jetzt noch eine Weile so hin und her, und Folgendes kommt dabei heraus: Mohammed ist tatsächlich *der* legendäre Mohammed Ali Kheliffa, der Fabrizio Mori – und selbstverständlich auch Cremaschi, beides bedeutende Kenner der Steinzeit des Fezzan - begleitet und geführt hatte. Ich frage ihn dann etwas hinterhältig, ob er den Leo Frobenius auch kenne? Ach so, den? *Que sí!*

Steinpost. Dieser seinerzeit sicher unter erheblichem
Aufwand zugestellte Brief berichtet möglicherweise
vom Nahen entlaufener Kamele.
Größe ca. 1,20 m x 1m.

Da ist er schon wieder, der Zufall! Der darin besteht, dass Mohammed genau zu diesem Zeitpunkt an der Station El Elauen als Unteroffizier Dienst hat. Mein Projekt bekommt eine neue, nun doch wohl noch Erfolg versprechende Wendung. Aber kann Mohammed so ohne weiteres mit mir ins Messak gehen? *Mafish mushgida.* (Ein wichtiges arabisches Zauberwort.)

Am anderen Morgen ist alles steifgefroren. Immerhin sonnig. Mohammed ist bereits auf den Beinen und erzählt mir, dass er nur noch Urlaub beantragen müsse. Aber auch das sei völlig *mafish mushgida!*

Wer in irgendeiner Armee der westlichen Welt gedient haben sollte, wird sich fragen, wie man als Unteroffizier in Libyen Urlaub beantragt. Das geht so: Mohammed wirft zuerst den Diesel an, der den Generator antreibt. Dann geht er ans Funkgerät und man hört nur noch Rauschen und Pfeifen. Dann kehlige Schreie. Und schon kommt er gelassen aus dem Container heraus und hat für eine Woche Urlaub, zieht die Uniform aus, einen zivilen Mechaniker-Overall über, nimmt die Kalashnikow vom Haken, zwei volle Magazine und sagt nur noch: „*Yella!*" Wir kratzen das Eis von der Windschutzscheibe des Land-Rovers und sind kurz darauf unterwegs.

Nun weiß Mohammed allerdings eine Abkürzung! Das alte Spiel! Angeblich den Weg, den Heinrich Barth auch schon gegangen sei. Ich hasse Abkürzungen! Denn darin verbergen sich die Privatwege der Geister, und die wollen nicht gestört werden. Vor uns der Messak Settafet: schwarz schimmernd. Nach zwei Stunden Geschaukel lassen wir den Wagen stehen und gehen zu Fuß weiter. Mohammed voran, ich mit dem Equipment hinterher. Immer wenn Mohammed kurz stehen bleibt, habe ich anschließend gut zu tun. Ich belichte in zwei Stunden zwölf Filme und kann es eigentlich noch immer nicht fassen.

Dann wieder zurück zum Wagen. Durch irgendwelche Zauberei ist der Rückweg zu Fuß bei Hitze immer doppelt so lang wie der Hinweg. Wir übernachten zwischen den Felsen. Am nächsten Tag durchqueren wir ein Geröllfeld mit einer Geschwindigkeit von etwa hundert Metern in der Stunde, aber schließlich erreichen wir das *wadi* In Habeter über eine Strecke, die vor uns – nachweislich – noch niemand gefahren ist, gefahren sein kann. Wir sind jetzt an einem der bekanntesten Fundorte und haben endlich auch Zeit. Das Auto ist heil geblieben. *Hamdullilah!* (Noch ein Zauberwort aus dem Arabischen.)

Mohammed hat sich unter einem Felsvorsprung eingerichtet und kocht Tee. Er ist begeistert über meine Vorräte. Ich krame im Wagen herum und beschäftige mich mit dem Fahrzeug, indem ich auf den Motor starre und nach abgerissenen Kabeln und Leitungen suche. *Preventive maintenance* nennt man das beim Land-Rover. Später putze ich noch die Pentax, was völlig zwecklos ist, und schaue sinnend in die Wüste. Ich fühle mich, als wäre ich hier schon immer unterwegs gewesen, mein ganzes Leben lang, und das könnte sehr weit zurückreichen, und irgendwie erinnere ich mich an Zeiten, die ich unmöglich erlebt haben kann.

Afrikafahrer sind – das ist allgemein bekannt – für Daheimgebliebene häufig etwas rätselhaft. Friedrich Konrad Hornemann schrieb am 6. April 1800 im letzten Brief an seine Mutter in Hildesheim: „Ich bin völlig Africaner und hier wie zu Hause." Im Frühjahr 1801 starb er am Niger, dem „Nil von Ghana", wie der arabische Geograph Ibn-Batuta den zweitgrößten Fluss Afrikas nannte. Die Mutter von Friedrich Konrad wird sich gefragt haben, ob der Junge nicht besser zu Hause geblieben wäre, um in Hildesheim ein ordentliches Mädchen zu heiraten und am Sonntag die Mutter zu besuchen. Als Heinrich Barth nach fünfjähriger Abwesenheit 1855 Europa wieder erreichte, musste er feststellen, dass man ihn schlicht und einfach vergessen hatte.

Anyway, der Tee ist fertig. Lipton! Mohammed hat auf früheren Reisen, wahrscheinlich mit den Italienern, erfahren, dass Europäer den Tee auch gerne einmal anders als nach Tuareg-Art trinken. Und diese europäische Art der Teezubereitung wird in Afrika "Lipton" genannt. Sagt man "Lipton", weiß jeder Afrikaner, dass man gelb gefärbtes heißes Wasser trinken möchte. Ich sitze jetzt mit einem Becher Lipton auf der Ladeklappe des Land-Rovers, schaue in den Dunst der abendlichen Wüste und stelle mir vor, ich sei, aus fernen interstellaren Bereichen kommend, soeben auf der Erde gelandet. Und siehe, sie war wüst und leer.

Genau hier, wo wir gerade gemütlich Tee trinken, saß 1932 Leo Frobenius. Mit ihm unterwegs war die Malerin Assisa Cuno, sie kopierte die Felsbilder zu „Ekade Ektab" und begleitete den ruhmreichen Forscher als gute Fee. Leo Frobenius hatte selbstverständlich vorab Informationen über Land und Leute gesammelt. Er wusste, „dass an einem See sich ein Tal befände, aus welchem die Geister mit großen, die Felsen durchleuchtenden Augen hinausstarrten." Sein Kommentar: „Die Angaben dieses Mannes waren durchaus fassbar."

Immer gegen Abend, wenn es kühl wird, beginnt der Land-Rover in einer seltsamen Art und Weise zu knacken. Mohammed winkt mit der Teekanne. Der Qualm vom Feuer schwebt in der Luft. Mond und Venus stehen glasklar am tief türkisblauen Himmel. Jupiter und Saturn sind sehr weit weg, Mars ist gerade noch mit bloßem Auge erkennbar.

Glossar.

aman iman	- Wasser ist Leben
amahaq, amajaq masc.	
tamajaq fem.	- Eigenname der Tuareg
baraka, arab.	- Segen Gottes, Glück
bismillah, arab.	- Gott segne es!
cadeau, franz.	- Geschenk, mehr oder weniger freiwillige Abgabe
cisterne, franz.	- Tankwagen
cricri (grigri)	- Amulett
douanier, franz.	- Zöllner
en brousse, franz.	- draußen, unter freiem Himmel, wörtl. „im Busch"
enneli, haussa	- Hirsebrei
fraudeur, franz.	- hier: Schmuggler
girba, arab.	- Wassersack aus einer zusammenhängenden Tierhaut
griot,	- fahrender Sänger
guelta, t.	- Wasserstelle, kleiner See, Teich
hamdullilah, arab.	- Gott sei Dank
iblis, arab.	- Teufel
imoshar	- Edle der Tuareg
kel assuf, t.	- Volk der Leere, Geister
mafish mushgida, arab.	- kein Problem
sanspapiers, franz.	- Migranten ohne Papiere
seriba, arab.	- Hütte
seroual, arab.	- weite Hose
sorcier, franz.	- Hexer
tagelmoust , t.	- Turban der Tuareg
tekarakit, t.	- Verhaltenskodex der Tuareg
Tuareg, pl., arab.	- allgemeiner Name der Wüstenberber
Targi, sing. masc.	- Tuareg, männlich
Targia, sing. fem.	- Tuareg, weiblich
zawa-zawa, franz.	- hier phonetisch geschrieben: „Wie geht's?" Häufige Begrüßung im frankophonen Afrika.

Literatur zum Thema

Art Rupestre du Sahara, Les dossiers d´archéologie, Dijon 1994
Benedict, Ruth, Urformen der Kultur, Reinbek 1960
Benjamin, Walter, Gesammelte Schriften, Frankfurt a.M. 1974
Das Kunstwerk im Zeitalter seiner technischen Reproduzierbarkeit, Frankfurt a.M. 1977
Bense, Max, Aesthetische Information, Krefeld 1956
Programmierung des Schönen, Baden-Baden 1960
Bleek, W.H.I. / Lloyd, L.C., Bushman Folklore, London 1911
Cézanne, Paul, Über die Kunst, Hamburg 1957
Chernoff, John Miller, Rhyrhmen der Gemeinschaft, Wuppertal 1999
Claudot-Hawad, Hélène, Les Touaregs, Aix-en-Provence 1993
Doerner, Max, Malmaterial und seine Verwendung im Bilde, Stuttgart 1960
Flusser, Vilém, Die Schrift, Göttingen 1992
Frobenius, Leo, Ekade Ektab, Leipzig 1937
Kulturgeschichte Afrikas, Zürich 1966
Fuchs, Peter, Das Antlitz der Afrikanerin, Stuttgart 1966
Geertz, Clifford, Die künstlichen Wilden, Frankfurt a.M. 1993
Gabus, Jean, Kunst der Wüste, Olten o.J.
Gimbutas, Marija, Die Sprache der Göttin, Frankfurt a.M. 1995
Gleichen-Russwurm, Alexander von, Eva mit dem Apfel, München/Berlin 1928
Greenblatt, Stephen, Wunderbare Besitztümer, Berlin 1994
Haarmann, Harald, Universalgeschichte der Schrift, Frankfurt a.M. 1991
Harms Erdkunde, Afrika, München 1962
Heinrichs, Hans-Jürgen, Die fremde Welt, das bin ich, Wuppertal 1998
Hirschberg, Walter, Die Kulturen Afrikas, Frankfurt a.M. 1974
Kandinski, Wassily, Essays über Kunst und Künstler, Stuttgart 1955
Kern, Hermann, Labyrinthe, München 1982
Kühn, Herbert, Die Felsbilder Europas, Stuttgart 1971
König, Marie E.P., Am Anfang der Kultur, Berlin 1973
Leiris, Michel, Phantom Afrika, Frankfurt a.M. 1980
Lévi-Strauss, Claude, Strukturale Anthropologie, Frankfurt a.M. 1967
Traurige Tropen, Frankfurt a.M. 1978
Makilam, Weibliche Magie und Einheit der Gesellschaft in der Kabylei, Hamburg 2001
Malinowski, Bronislaw, Geschlecht und Verdrängung in primitiven Gesellschaften, Reinbek 1962
Mattheus, Bernd, Georges Bataille, München 1988
Ranke-Graves, Robert von, Die weiße Göttin, Berlin 1981
Raphael, Max, Prähistorische Höhlenmalerei, Köln 1993
Rennell of Rodd, Lord, People of the Veil, Oosterhout 1970
Schama, Simon, Der Traum von der Wildnis, München 1996
Serres, Michel, Hermes II, Berlin 1992
Hermes IV, Berlin 1993
Simmel, Georg, Philosophie des Geldes, Frankfurt a.M. 1989
Sontag, Susan, Kunst und Antikunst, Frankfurt a.M. 1982
Virilio, Paul, Der negative Horizont, München 1989
Widerspruch Heft 30, Afrikanische Philosophie, Tübingen 1997
Wittgenstein, Ludwig, Wiener Ausgabe, Wien 1994

Anmerkung .

Die Begriffe „primitiv" und „paläolithisch" können zu Missverständnissen führen. Ich möchte deshalb hier klarstellen, dass ich, wenn ich diese Begriffe auf den afrikanischen Geist und/oder die Afrikaner beziehe, damit niemanden beleidigen oder herabsetzen will.

Ich verstehe unter „primitiv" zuerst einmal das, was dieser Begriff eigentlich aussagt, nämlich am Anfang einer Kultur stehend. Der Primitive ist für mich ein schöpferischer Mensch, der sich dem Ursprung verbunden fühlt, der sich das Geheimnis der Welt bewahrt hat und damit den Respekt vor Erde, Leben und Welt.

Mit dem Begriff „paläolithisch" gehe ich ähnlich um. Wenn ich „paläolithisch" sage, dann meine ich den Geist der Altsteinzeit, der sich dadurch kennzeichnet, dass er Bestehendes wiederholt. Immerhin hat er so annähernd eine Million Jahre oder noch länger überlebt!

Afrikaner versuchen heute immer noch so zu denken und leben, wie sie seit langem denken und leben. Wenn sie sich nach außen mit dem Westen zu identifizieren scheinen, bleiben sie doch im Innern Afrikaner. Das macht sie uns rätselhaft; aber wahrscheinlich ist diese Gratwanderung für sie der einzige Weg zu überleben. Afrikaner sind keine besseren Menschen als wir, auch keine edlen Wilden.

Der Autor Edgar Sommer studierte Fotografie bei Otto Steinert und gehörte in Stuttgart zur Szene um Max Bense. Veröffentlichungen experimenteller Texte (Kritisches Jahrbuch, Verlag Wendelin Niedlich).

Er absolvierte ein Sprachstudium und arbeitete als Fachübersetzer in der Industrie. Anfang der Siebziger ging er in die Sahara, um sich mit dem Phänomen der Felsbilder und der nomadischen Lebensweise zu beschäftigen. Seit Beginn der Neunziger engagiert er sich mit einer NGO verstärkt für die Kultur der Tuareg. Daraus entstand ein erfolgreiches Projekt „Schulbücher für die Tuareg in deren Muttersprache, dem Tamajaq".

Edgar Sommer 1998 im Ténéré-Tafassasset,
beschäftigt mit der Frage „unendlich oder grenzenlos".

Die Deutsche Bibliothek - CIP Einheitsaufnahme

Edgar Sommer
Tafassasset - Regentier und Zauberbilder
Felsbilder der Sahara und Spurensuche nach dem afrikanischen Geist
Schwülper: CARGO Verlag Schwülper, 2002

ISBN 3-9805836-4-3

Fotografien: Edgar Sommer
Scans von Laser Script Brauschweig
gedruckt auf Westminster von Geese Hamburg
bei Clausen & Bosse, Leck

ISBN 3-9805836-4-3